NARA

47 都道府県ご当地文化百科

奈良県

丸善出版 編

丸善出版

刊行によせて

　「47都道府県百科」シリーズは、2009年から刊行が開始された小百科シリーズである。さまざまな事象、名産、物産、地理の観点から、47都道府県それぞれの地域性をあぶりだし、比較しながら解説することを趣旨とし、2024年現在、既に40冊近くを数える。

　本シリーズは主に中学・高校の学校図書館や、各自治体の公共図書館、大学図書館を中心に、郷土資料として愛蔵いただいているようである。本シリーズがそもそもそのように、各地域間を比較できるレファレンスとして計画された、という点からは望ましいと思われるが、長年にわたり、それぞれの都道府県ごとにまとめたものもあれば、自分の住んでいる都道府県について、自宅の本棚におきやすいのに、という要望が編集部に多く寄せられたそうである。

　そこで、シリーズ開始から15年を数える2024年、その要望に応え、これまでに刊行した書籍の中から30タイトルを選び、47都道府県ごとに再構成し、手に取りやすい体裁で上梓しよう、というのが本シリーズの趣旨だそうである。

　各都道府県ごとにまとめられた本シリーズの目次は、まずそれぞれの都道府県の概要（知っておきたい基礎知識）を解説したうえで、次のように構成される（カギカッコ内は元となった既刊のタイトル）。

　Ⅰ　歴史の文化編
　　「遺跡」「国宝 / 重要文化財」「城郭」「戦国大名」「名門 / 名家」
　　「博物館」「名字」
　Ⅱ　食の文化編
　　「米 / 雑穀」「こなもの」「くだもの」「魚食」「肉食」「地鶏」「汁

物」「伝統調味料」「発酵」「和菓子 / 郷土菓子」「乾物 / 干物」

Ⅲ　営みの文化編

「伝統行事」「寺社信仰」「伝統工芸」「民話」「妖怪伝承」「高校
野球」「やきもの」

Ⅳ　風景の文化編

「地名由来」「商店街」「花風景」「公園 / 庭園」「温泉」

　土地の過去から始まって、その土地と人によって生み出される食
文化に進み、その食を生み出す人の営みに焦点を当て、さらに人の
営みの舞台となる風景へと向かっていく、という体系を目論んだ構
成になっているようである。

　この目次構成は、一つの都道府県の特色理解と、郷土への関心に
つながる展開になっていることがうかがえる。また、手に取りやす
くなった本書は、それぞれの都道府県に旅するにあたって、ガイド
ブックと共に手元にあって、気になった風景や寺社、歴史に食べ物
といったその背景を探るのにも役立つことだろう。

＊　　　　＊　　　　＊

　さて、そもそも47都道府県、とは何なのだろうか。47都道府県
の地域性の比較を行うという本シリーズを再構成し、47都道府県
ごとに紹介する以上、この「刊行によせて」でそのことを少し触れ
ておく必要があるだろう。

　日本の古くからの地域区分といえば、「五畿七道と六十余州」と
呼ばれる、京都を中心に道沿いに区分された8つの地域と、66の「国」
ならびに2島に分かつ区分が長年にわたり用いられてきた。律令制
の時代に始まる地域区分は、平安時代の国司制度はもちろんのこと、
武家政権時代の国ごとの守護制度などにおいて（一部の広すぎる国、
例えば陸奥などの例外はあるとはいえ）長らく政治的な区分でも
あった。江戸時代以降、政治的区分としては「三百諸侯」とも称さ
れる大名家の領地区分が実効的なものとなるが、それでもなお、令
制国一国を領すると見なされた大名を「国持」と称するなど、この
区分は日本列島の人々の念頭に残り続けた。

　それが大きく変化するのは、明治維新からである。まず地方区分

は旧来のものにさらに「北海道」が加わり、平安時代以来の陸奥・出羽の広大な範囲が複数の「国」に分割される。政治上では、まずは京・大阪・東京の大都市である「府」、中央政府の管理下にある「県」、各大名家に統治権を返上させたものの当面存続する「藩」に分割された区分は、大名家所領を反映して飛び地が多く、中央集権のもとで中央政府の政策を地方に反映させることを目指した当時としては、極めて使いづらいものになっていた。そこで、まずはこれら藩が少し整理のうえ「県」に移行する。これがいわゆる「廃藩置県」である。これらの統合が順次進められ、時にあまりに統合しすぎて逆に非効率だと慌てつつ、1889年、ようやく1道3府43県という、現在の47の区分が確定。さらに第2次世界大戦中の1943年に東京府が「東京都」になり、これでようやく1都1道2府43県、すなわち「47都道府県」と言える状態になったのである。これが現在からおよそ80年前のことである。また、この間に地方もまとめ直され、京都を中心とみるのではなく複数のブロックで扱うことが多くなった。本シリーズで使っている区分で言えば、北海道・東北・関東・北陸・甲信・東海・近畿・中国・四国・九州及び沖縄の10地方区分だが、これは今も分け方が複数存在している。

　だいたいどのような地域区分にも言えることではあるのだが、地域区分は人が引いたものである以上、どこかで恣意的なものにはなる。一応1500年以上はある日本史において、この47都道府県という区分が定着したのはわずか80年前のことに過ぎない。かといって完全に人工的なものかと言われれば、現代の47都道府県の区分の多くが旧六十余州の境目とも微妙に合致して今も旧国名が使われることがあるという点でも、境目に自然地理的な山や川が良く用いられているという点でも、何より我々が出身地としてうっかり「○○県出身」と言ってしまう点を考えても（一部例外はあるともいうが）、それもまた否である。ひとたび生み出された地域区分は、使い続けていればそれなりの実態を持つようになるし、ましてや私たちの生活からそう簡単に逃れることはできないのである。

＊　　　　＊　　　　＊

　各都道府県ごとにまとめ直す、ということは、本シリーズにおい

刊行によせて　　iii

ては「あえて」という枕詞がつくだろう。47都道府県を横断的に見てきたこれまでの既刊シリーズをいったん分解し、各都道府県ごとにまとめることで、私たちが「郷土性」と認識しているものがどのようにして構築されたのか、どのように認識しているのかを、複数のジャンルを横断することで見えてくるものがきっとあるであろう。もちろん、47都道府県すべての巻を購入して、とある県のあるジャンルと、別の県のあるジャンルを比較し、その類似性や違いを考えていくことも悪くない。あるいは、各巻ごとに精読し、県の中での違いを考えてみることも考えられるだろう。

　ともかくも、地域性を考察するということは、地域を再発見することでもある。我々が普段当たり前だと思っている地域性や郷土というものからいったん身を引きはがし、一歩引いて観察し、また戻ってくることでもある。有名な小説風に言えば、「行きて帰りし」である。

　本シリーズがそのような地域性を再発見する旅の一助となることを願いたい。

2024年5月吉日　　　　　　　　　　　　執筆者を代表して

　　　　　　　　　　　　　　　　　　　　森 岡　　浩

目　　次

知っておきたい基礎知識　1

基本データ（面積・人口・県庁所在地・主要都市・県の植物・県の動物・該当する旧制国・大名・農産品の名産・水産品の名産・製造品出荷額）／県章／ランキング1位／地勢／主要都市／主要な国宝／県の木秘話／主な有名観光地／文化／食べ物／歴史

Ⅰ　歴史の文化編　11

遺跡 12 ／国宝/重要文化財 26 ／城郭 34 ／戦国大名 41 ／名門/名家 45 ／博物館 49 ／名字 54

Ⅱ　食の文化編　61

米/雑穀 62 ／こなもの 68 ／くだもの 72 ／魚食 77 ／肉食 80 ／地鶏 86 ／汁物 90 ／伝統調味料 95 ／発酵 99 ／和菓子/郷土菓子 104 ／乾物/干物 110

Ⅲ　営みの文化編　117

伝統行事 118 ／寺社信仰 125 ／伝統工芸 131 ／民話 137 ／妖怪伝承 143 ／高校野球 148 ／やきもの 152

Ⅳ　風景の文化編　155

地名由来 156 ／商店街 162 ／花風景 168 ／公園/庭園 175 ／温泉 183

執筆者 / 出典一覧　185
索　引　187

【注】本書は既刊シリーズを再構成して都道府県ごとにまとめたものであるため、記述内
　　容はそれぞれの巻が刊行された年時点での情報となります

奈良県

知っておきたい基礎知識

- 面積：3691 km^2
- 人口：128万人（2024年速報値）
- 県庁所在地：奈良市
- 主要都市：橿原（かしはら）、生駒（いこま）、香芝（かしば）、大和郡山（やまとこおりやま）、大和高田、天理、五條（ごじょう）
- 県の植物：スギ（木）、ヤエザクラ（花）
- 県の動物：コマドリ（鳥）、キンギョ、アユ、アマゴ（魚）
- 該当する旧制国：畿内大和国（やまとのくに）
- 該当する大名：大和郡山藩（本多氏・柳沢氏）、高取藩（植村氏）、小泉藩（片桐氏）など
- 農産品の名産：カキ、イチゴ、茶、ナス、コメ、キク
- 水産品の名産：アマゴ、アユ、キンギョ
- 製造品出荷額：2兆1224億円（2020年）

●県　章

「ナラ」の「ナ」の字を図案化したもの。円形に近い図案は、奈良県の旧国名「大和（やまと）」にもある「和」の字のイメージから、調和の精神をあらわすとされる。

●ランキング1位

・国宝のうち彫刻と建築物の指定件数　国宝・重要文化財全体としての件数は、東京国立博物館などを有する東京都、多数の古美術品が集中する京都府よりは少ないものの、彫刻と建築物の2分野においては奈良県が1位となる。平安京遷都後も興福寺を筆頭に奈良・飛鳥時代以来の多数の寺社仏閣が勢力を保った奈良県では、それゆえに仏教伝来初期以来の仏像、また寺院建築が非常に多い。

●地　勢

　近畿地方の中央部、大和川の上流域に広がる奈良盆地を北部に抱える。人口の大半はこの県面積の1割程度にあたる奈良盆地に集中しており、県庁所在地である奈良が盆地の北東側、第二の都市である橿原が南部にある。大和川の諸支流は合流して西へと流れ下り、生駒山地の南で谷間を刻んで大阪府の方向へと流れ下る。これ以外には南の吉野から西の和歌山県に向かって真っすぐに流れ下る吉野川（紀の川）があるが、この谷間はちょうど中央構造線にあたっていることもあってか、奈良盆地ほどの広さはないものの細長く深い谷間となっている。

　県土の9割を占める山地のうち、最も深山幽谷が連なるのが、南部の十津川から天川、吉野、さらに熊野へと連なる紀伊半島内陸部の山地であり、古くは「大峯葛城」といわれる修験道・山岳信仰の霊場であった。この地域は奈良盆地から見ても隔絶度が高く、壬申の乱や南北朝の内乱、さらに古い例でいえば能の『土蜘蛛』において朝廷にまつろわない民の比喩といわれる「葛城山の土蜘蛛」などの反乱の根拠地というイメージが絶えない。東の方も大和高原と呼ばれる、低山ながらも交通の便が悪い山々が連なっている。この東の山々には、奈良の町のすぐわきにそびえる春日山や若草山、古くから神体としてもしられる三輪山がある。さらに西も、大阪府の平地とを分かつ生駒山や二上山が連なり、比較的低い北にも平城山がある。これらの山々に囲まれた奈良盆地は時に「青垣山籠れる」と形容されることもあった。

●主要都市

・奈良市　興福寺や東大寺、春日大社といった多数の寺社が集中する、

710年の平城京遷都にルーツを持つ「古都」にして県庁所在地。都としては784年までで役目を終えるが、それ以降は大寺社の僧侶や、その寺社に物品やサービスを提供する人々や参拝客を相手とする商売を中心とした都市「南都」として中世・近世を生き延びた。なお、このため現在の奈良市中心部は厳密には平城京の中でも「外京」と呼ばれていた東側に張り出した一帯に該当し、宮城があった一帯は長らく農村地帯と化していた。

・橿原市　奈良盆地南部の中心地。通称「大和三山」と呼ばれる畝傍山・耳成山・天香久山に囲まれた一帯は、となりの明日香村と合わせて古代のヤマト王権が本拠地を置いたことで知られている。中世〜近世も主要街道沿いの都市である八木や今井が栄えていたのだが、幕末に入ってこの周辺が伝説上の初代天皇である神武天皇が「橿原宮」という宮殿を置いたところだとみなされるようになり、橿原神宮の創建に始まるその周辺の都市整備が第二次世界大戦前にかけて急速に進んだ。

・大和郡山市　奈良盆地の西側、戦国時代末期に整備された城が、江戸時代以降も大和国最大の城下町として発展した都市。金魚が名物として知られている。なお市域には、小さいながらも陣屋がおかれた小泉の町を含む。

・生駒市　奈良盆地の西側、「生駒の聖天様」とも呼ばれる宝山寺の門前町に由来する都市。ただし、市域は斑鳩に続く丘陵と生駒山地に挟まれた谷筋が中心になるため、傾斜地がやや多い。また、ちょうど大阪市と奈良市の中間地点にあたるため、ベッドタウンとしても人口増加している。

・天理市　古くは街道沿いの市場町、丹波市として栄えていたが、現在では幕末に発達した天理教の本部がある都市として、日本では珍しい宗教色の強い都市として知られている。なお、市内にはほかにも石上神宮があり、また廃仏毀釈までは内山永久寺という大寺院があった。

・五條市　南部地域の紀の川（吉野川）流域にある、南部地域の幕府領の中心地として発展した都市。吉野山はここから東の方向に位置する。なお、南部地域は深山が多いため、奈良県内で奈良盆地とその流域以外にある唯一の市である。

●主要な国宝

・銅造盧舎那仏坐像　一般に「奈良の大仏様」と呼ばれる、奈良市街地の東にある東大寺に鎮座する大仏。高さは14.89m、幅12mにわたる。奈良

奈良県　知っておきたい基礎知識　　3

時代に聖武天皇の発願によって745年〜752年にかけて全国から（銅山伝承が周防［山口県］・豊前［福岡県］、金山伝承が陸奥［宮城県］にある）材料を集め鋳造された。ただし、その後治承・寿永の乱での焼き討ち（1181年、ほぼ全身が炎上）、松永久秀による戦い（1567年、頭部落下し大仏殿炎上）によって炎上しており、現在の大仏・大仏殿は1692年に復興、1709年に大仏殿落慶法要をしたものである。

・夢殿観音（法隆寺）　斑鳩町にあり日本最古の木造建築ともされる法隆寺の、夢殿という仏殿に収められていた、微笑みを浮かべる観音像である。法隆寺は聖徳太子が7世紀の初頭に建立したと伝えられる、国内でも初期からある由緒ある仏寺であり、この観音像も聖徳太子の等身大の像であるという伝説がある。その金堂にある壁画も飛鳥時代以来の由緒で知られていたが、1949年に火災にあって焼損。幸い、その数年前に模写されていたため完全に失われることは避けられたものの、その後の文化財の火災対策が真剣に考慮される一因となっている。

・唐招提寺の鑑真和上像　唐招提寺は旧平城京の西側で759年に開山された、国内でも屈指の古寺である。753年、数回の試みの末に日本へと渡り仏教の戒律を正式に伝えられる僧として仏教普及に貢献した鑑真は、763年の死後に弟子に悼まれて彼の姿をモデルにした像が造られた。これが日本史上初の肖像的彫刻とされる。

・正倉院　東大寺にある高床式の倉庫で、内部には聖武天皇の遺愛の品や東大寺の儀式などで使われた宝物が収められている。その中には、大陸の西方から伝来したとみられるガラス細工、当時西方の文化の影響を受けていた中国唐代の琵琶や織物などが存在し、俗にここが「シルクロードの終着点」と呼ばれる一因となっている。

●県の木秘話

・スギ　全国に生えている杉だが、奈良県ではまず、吉野の杉が古くから木材として良質で知られている。また、北東部の三輪山をご神体とする大神神社では、その山に生える杉がご神木とされ、その葉を集めてつくられたスギ玉（しるしの杉玉）は酒屋のシンボルとして、醸造安全の赤い御幣とともに例年11月14日に行われる醸造安全祈願祭で、全国から集まってくる酒造家・杜氏・酒造関係者に授与されている。

・ヤエザクラ　何重もの花弁を持つ桜を一般にヤエザクラというが、奈良

のものは野生種に近いカスミザクラというものが八重化したものとされている。古くから、奈良の都といえばヤエザクラが有名だったらしく、「百人一首」にも都が平安京に移った時代に読まれた「いにしへの 奈良の都の 八重桜 今日九重に 匂ひぬるかな」（古い奈良の都に咲き誇っていたヤエザクラが、今日はなんともこの九重の宮居で咲き誇っていることよ）という一首がある。

●主な有名観光地

・**奈良公園とならまち**　興福寺・東大寺・春日大社の各境内と春日山の原始林を中心とする公園は、その公園内を行きかう鹿と共に奈良を代表する観光地として知られている。明治時代初期の公園には東京の芝公園（増上寺の旧境内）などのように寺社仏閣の敷地を利用したものもみられるが、奈良公園もその例にもれず、廃仏毀釈によって多くの仏堂が荒廃した興福寺の敷地を取り込む形で作られた。また、奈良市中心部のうち、興福寺の南側に広がる町屋などが多い地域を「ならまち」というが、こちらはその門前町兼商人町として栄えた一帯である。最近では同地区から見て北側にあたる東大寺西側の市街地を「きたまち」とよぶこともある。

・**吉野山**　奈良盆地から見て山向こうになる吉野の一帯は、さらにその奥に広がる大峯や天川の山岳地帯と合わせて、古くからの山岳信仰である修験道の聖地とされている。この一帯は一方で近畿地方の中心部をも狙える場所であり、壬申の乱での大海人皇子（天武天皇）、南北朝時代の後醍醐天皇など、権力争いにおいてたびたびその舞台となっている。なお、景観としてはサクラが極めて有名である。

・**石舞台古墳と飛鳥地域**　初期のヤマト政権は、奈良盆地南部の飛鳥地域に本拠地を置いた。中国のものを真似た国内最初の本格的な都城とされる藤原京もここに築かれており、また周辺には飛鳥時代に権勢を誇った蘇我氏をはじめとした豪族のものとみられる邸宅跡や、「飛鳥美人」として有名なキトラ古墳の極彩色の壁画、国内最古の大仏ともされる飛鳥大仏などが存在する。盛り土が失われ、石室が露出していることからその名がある石舞台古墳も、聖徳太子と同時代の有力者とされる蘇我馬子のものではないかといわれている。

奈良県　知っておきたい基礎知識　5

●文　化

・お水取り　正式には「修二会」といい、東大寺において3月に行われる十一面観音菩薩の供養である。この名は、その供養にあたって供える水をとる儀式を行うことに由来しているが、その際、夜に多数のたいまつがともされ、春の風物詩となっている。

・金魚養殖　大和郡山の名物とされる金魚の養殖は、江戸時代に大和郡山藩の藩主となった柳沢家によって持ち込まれたことが始まりとされる。金魚はその当時から珍奇な生物として知られていたが、奈良盆地には古くから農業用水のための溜池が多く（大和川が渇水をおこしがちだったため）、このために副業としてやりやすかったことが発展の要因となった。現在でも大和郡山市内には金魚をモチーフにした様々なモニュメントがある。

・さらし　奈良の町では筆や灯篭・漆器をはじめとして、寺社と関連の深い工芸や産業が発展したのだが、さらし、つまり麻布もその例外ではなく、僧侶の法衣などの需要があって生産されていた。現在では伝統工芸として存続しており、布巾や手ぬぐいなどに用いられている。

・大和猿楽と能楽　室町時代におおよそ現代にいたる原型が確立した仮面劇「能楽」は、古くは猿楽という寸劇に由来する。中国の影響も受けて「散楽」として発展したものが、奈良に多い寺社仏閣での儀礼において披露されるようになり、後に「大和四座」と呼ばれる職能集団を形成した。これが現代の能楽の諸流派につながる。狂言も、もともとは散楽から発展したものである。

●食べ物

・柿の葉寿司　正岡子規の句「柿食えば鐘が鳴るなり法隆寺」を挙げるまでもなく、奈良県は柿の生産量が多いことで知られているが、その柿の葉に酢飯とサバなどネタを包んだ押しずしである。海から遠い奈良県であるが、伝承では紀伊（和歌山県）の漁師がサバを売りに来たといわれており、それを裏づけるかのように、現代の柿の主要産地は南部の紀の川に沿って和歌山の海へと出られる一帯、つまり五條と吉野である。

・三輪素麺　麦の生産は早くに奈良県に伝わったらしく、米の裏作とされている。特に近畿地方では、都に近く中国の文物も伝わったことなどもあり、それを参考にしたとみられる手延べそうめんの生産が、大神神社の神

6

が絡む起源伝承が残されるほどに古くから知られていた。この製法は後に江戸時代になって人の移動が盛んになるとともに、小豆島など現代の主要産地にも広がっていった。

・**吉野葛** 山岳地帯の吉野では、マメ科のツタ植物である葛がよく育つが、これに山岳地帯の冬の厳しい寒さと地下水とが合わさり、吉野の名産とされる葛粉の生産が盛んになった。この葛粉は和菓子などに使われる。

●歴　史

●古　代

　大和川へと合流する多数の川が流れる奈良盆地は、古くから開発が進んでいた。県内には弥生時代の集落遺跡の中でも最も大きいものの一つである唐古・鍵遺跡（田原本町）があり、土器や勾玉などが多数発掘されている。それから約200年ごろあと、3世紀初頭ごろのものとされているのが、日本全土の中でも有数の巨大遺跡である纏向遺跡である。この遺跡からは高床式の建物の跡に加えて、尾張（愛知県）にいたるかなり広い範囲で作成されたとみられる土器が出土している。3世紀初頭といえば、中国では三国時代の魏国があった時期と重なっており、このことが、この遺跡が「親魏倭王」の称号を与えられて倭国（日本）の広範囲を束ねたと『三国志魏書』東夷伝倭人条（略称『魏志倭人伝』）に記されている邪馬台国の女王卑弥呼に関連する遺跡ではないかと議論になっている要因である。なお、邪馬台国については、これらの遺跡などの発掘もあり、近畿地方にあったとみられることがほぼ確定している。

　議論の結論はともかくとして、大和地域に広範囲にわたって豪族を連合もしくは服従の形式で従える王権が生み出されつつあったことは確かであり、各地にこの王権・政権に関連する出土品を持つ多数の古墳が県域を超えて残されている。この時代を「古墳時代」という由縁である。

　やがて、この政権は大和地域の主な豪族を従えつつ、盆地の南側である飛鳥に中心を置くようになる。5世紀から6世紀にかけて、この王権の王は「おおきみ」とよばれた。やがて、飛鳥時代と呼ばれる6世紀〜7世紀にかけては聖徳太子の活躍が伝えられており、法隆寺や四天王寺（大阪府）は彼によって建立されるとともに、遣隋使なども記録されている。このような前代からの中国に由来する制度・文物導入などをはじめとした「おお

奈良県　知っておきたい基礎知識　　7

きみ」の権力・権威強化策の末（いわゆる「大化の改新」はこの間の改革ではないかという説が現在有力）、ついに694年ごろ、日本最初の本格的な都城とされる藤原京が成立し、「おおきみ」もまた天皇と呼ばれるようになっていく。このころにかけて令制国も徐々に整備された。また、この時代に整備された条里制は、後々まで奈良盆地を特徴づけていった。

　続く8世紀、710年には盆地の北側、盆地の中では木津川にも大和川にも出られるあたりに新都平城京が造営。これが後に「奈良の都」と呼ばれるようになる都市である。市内には東大寺や西大寺などをはじめとした寺が多数建立され、東大寺の大仏もこの時代に最初のものが聖武天皇によって建立されている。

　しかし、この奈良時代には仏教を特に重視した結果、国政への仏教の度を越した介入もたびたび発生する。一説には桓武天皇が784年に長岡京に、ついで794年に平安京に遷都したのも、これを嫌ったことが一因ではないかといわれている。とはいえ、平城京がすぐに機能をなくすことはなかったが、810年に当時の平城上皇が平城京再遷都を試み阻止された事件（薬子の変）を最後に、平城京からは首都としての機能は失われていった。

●中　世

　しかし、平城京の命脈が尽きたわけではなかった。東大寺や唐招提寺、また藤原氏の氏寺である興福寺・春日大社が引き続き平城京に残っていたのである。このうち、比較的近接する興福寺・春日大社・東大寺とその周辺に残った寺々、また寺方の用を足したりする人々の集落が複合し、平城京を引き継ぎつつ新たな都市を形作った。これが中世までの奈良の別称「南都」である。寺々は同時に、大和国内における特権も多数持ち、この結果、中世を通じて大和国の豪族の多くが「興福寺に仕える集団」としてのアイデンティティを持ち、かつ武家政権の時代以降も大和国の守護の業務は例外的にもっぱら興福寺が務めるという体制となった。

　この寺社勢力の強さは平家政権の時代には南都焼討事件（1181年、寺社勢力を抑えようとした平家軍により、南都のほぼ全域が焼失し、初代の大仏も炎上）なども引き起こしたものの、一方で都市としての南都の継続的な発達や、大和国内の継続的な開発ももたらした。また、南部の山岳地帯、吉野は大和の中でも中心部の盆地から外れて独立性の強い地域であったが、建武の新政に始まる混乱後の1336年には、これを利用して後醍醐天皇が

京都からこの地に逃げのび、続く南北朝時代の間約60年にわたる南朝朝廷の根拠地となる。室町時代に関しては興福寺に諸豪族が従う一方で南朝・北朝それぞれにつく豪族間の対立も激しかったことから、応仁の乱でも東西両軍に与しての対立や戦いが国内で起こった。この結果として台頭するのが筒井氏である。しかし、それは戦国時代の中でも後期のことで、この間は細川氏や三好氏、またその家臣松永久秀（彼の大和支配に際して2回目の大仏炎上が発生）をはじめとした京都の勢力の影響を大きく受けた。筒井氏も豊臣政権下で転封となって、代わりに大和大納言こと豊臣秀長が国内に入り、あらたに大和郡山城を築く。この城と城下町は、近世に大和のもう一つの中心になることになった。

● 近 世

寺社への幕府の統制が強まった近世に入ると、興福寺など寺社の勢力は大きく抑えられ、奈良盆地の主要な都市にも幕府の代官所がおかれたり、自治がある程度許されるなどして幕府の影響が強まる。奈良には奈良奉行がおかれ、手工業を中心に、後期には東大寺などの観光でも栄えた。また、郡山も特に後期には柳沢家の支配のもとで文化振興が盛んになり、名産となる金魚の養殖もこの18世紀に始まっている。このほか、高取や柏原、柳生に陣屋が、五條には代官所があり、大和南部の広大な山林に広がる幕府領を支配した。この山岳地では修験道の修行も盛んに行われている。

いわゆる五畿内の一角として幕府の直轄地も多い大和国だが、そのことと京都に近い土地であることが複合した結果、幕末には攘夷派の初期の武装蜂起として特筆される事件「天誅組の変」が1863年に五條で発生した。この事件では、五條代官所の襲撃に始まって約1か月にわたり高取城の襲撃や十津川地域での転戦が行われ、図らずも古代以来、複数回時の政権に反抗する勢力が拠ってきた南部地域の歴史にその最新の例を付け加えることになった。

● 近 代

小領主と幕府領が入り乱れていた大和国は、1871年の廃藩置県からその直後にかけて15県がまとめられていったんその全域を管轄する奈良県が成立した。ところが1876年、奈良県は堺県（当時の大阪府和泉・河内地域を管轄）に合併されてしまい、さらに1881年には堺県もろとも大阪府に編

入されてしまう。前者はこの当時各県の財政基盤の整備のために行われていた府県合併によるもので、後者はその中でも特に大都市大阪府の財政基盤拡張を兼ねてのものだった。しかし、この時期に同様に合併した石川県などと同様、新生大阪府も地域間の対立に悩み、結果的に1887年、ようやく分置運動が実を結んで奈良県が再設置された（かつての堺県令もこの運動を支援していたという）。この間、奈良公園をはじめとした近代の観光の焦点となる箇所の整備も進むものの、一方で興福寺をはじめとして奈良県内の各地で廃仏毀釈による仏像の破壊や建築物の破壊が相次ぎ、県の文化史上は無視できない事態も多数発生した。

　これ以降の奈良県は改めて近畿地方中央部の県として、また多くの寺社仏閣が残る観光県としての歴史を歩む。行政範囲として大きな問題となっていた大阪との関係も、近代における生駒山を越える鉄道路線の開通などで、大阪の通勤圏内として西部地区の人口増加をもたらしている。また、平城京という点では、平成になってから大極殿などをはじめとした宮城の復元が行われた。山岳地帯でも、大峯・葛城における明治以降に衰退していた修行の道「大峯奥駈道」の再整備やこれを含めての熊野古道の世界遺産登録を始め、秘境と呼ばれるほどの豊かな自然が人々を惹きつけている。

【参考文献】
・和田萃ほか『奈良県の歴史』山川出版社、2010
・田辺征夫・佐藤信編『平城京の時代』吉川弘文館、2010

I

歴史の文化編

遺　跡

キトラ古墳（北壁壁画「玄武」）

地域の特色　奈良県は、近畿地方の内陸に位置し、南部は紀伊山地に続く吉野山地、大峰山脈で和歌山県に接し、北部の東半部は大和高原と宇陀、竜門など山地を隔てて三重県に接する。県域の西半は奈良盆地が占め、その西方の生駒、金剛山地によって大阪府と接している。北は平城山丘陵などを隔てて京都府に接する。河川は、南部では十津川、北山川が南流するほか、周囲の山地より流れ出た河川を合流して大和川が形成され、亀ノ瀬峡谷を抜けて大阪平野に出る。県域は南北に細長く、吉野川を境に南北に二分され、南側の吉野山地は県面積の約3分の2を占めている。

特に、奈良盆地は古くから国中と呼ばれ、古くから歴史を育んできた。縄文時代の遺跡は少ないが、大和三山の1つ畝傍山の東麓の橿原遺跡（橿原市）では、縄文時代晩期の土器や土偶が多数出土しているほか、岡遺跡（明日香村）では竪穴住居跡も検出されている。やはり遺跡数としては、弥生、古墳、飛鳥、奈良の各時代の遺跡を多数認めることができ、初瀬川や寺川、飛鳥川、大和川など河川水系を軸として、集落遺跡が発展する。特に、畝傍・耳成・香久の大和三山に囲まれた飛鳥・藤原京の存在した地域は、古代史に関わる史跡の宝庫であり、遺跡銀座ともいえる。その中心である明日香村は、古都保存法や明日香法（明日香村の史跡保存を目的とした特別措置法）が制定され、戦後の開発行為に対して歴史的風土の保護がなされてきたが、住民生活や観光振興など現在的課題といかに向き合っていくか、難しい問題も残されている。

古代には、大和国にあたり、律令制国家の中心たる「首都」の立場にあった。平安遷都後は寺社領や荘園が占め、江戸時代には、郡山、高取、小泉、櫛羅、芝村、柳生、柳本、田原本の諸藩が置かれるとともに、天領や飛地もあり、複雑な支配関係が存在した。

明治維新後の1868年、新政府は大和鎮台（大和鎮撫総督府）を設けたが、

12　　凡例　史：国特別史跡・国史跡に指定されている遺跡

同年5月には旧天領と寺社朱印地を管轄する奈良県を置いた。1871年の廃藩置県では各藩は県となり、同年11月諸県と奈良県・五条県が合併し奈良県が成立。その後の再編を経て、1887年、県域が確定した。

主な遺跡

二上山北麓遺跡群
*香芝市：二上山北麓から西麓、標高60〜250mに位置　**時代** 旧石器時代後半

　旧石器時代以降、石器素材として使われた讃岐岩（サヌカイト）の産地である。二上山の北側の春日山付近で遺跡が多く発見されている。

　サヌカイト原礫の採掘坑が検出されたシル谷第1地点遺跡や旧石器時代の国府型ナイフ形石器や翼状剥片、盤状剥片などが検出された桜ヶ丘第1地点遺跡など、後期旧石器時代後半から弥生時代にかけての多量遺物が採集されており、サヌカイトによる石器の生産地および消費地の関わりを検討するうえできわめて重要な遺跡群といえる。

唐古・鍵遺跡
*磯城郡田原本町：奈良盆地のほぼ中央の沖積地、標高48〜51mに位置　**時代** 弥生時代前期〜後期

　唐古池が国道24号線敷設用の採土地となったことにより、1937〜38年にかけて、末永雅雄らにより本格的な発掘調査が行われた。池の全面にあたる約2万m²が調査対象となり、三条の旧初瀬川の河道や多数の竪穴が確認された。多量の土器や石庖丁、石斧、石槍、石鏃、木製の高坏や杵、平鍬、馬鍬、鋤などの木製品も多数検出され、炭化米、種子・獣骨類などの自然遺物を含めて多種多様な遺物が認められた。小林行雄は、遺跡出土の土器を駆使して唐古第1様式から第5様式に型式分類し、その変化を系統的に意味づけた。これにより畿内の弥生土器の編年研究は大いに進歩し、各地域の様式論が展開されることになった。また人物や高床式建築、動物、舟などを描いた絵画土器も出土し、弥生遺跡の代表的な遺跡として学史的にも評価されている。

　戦後、1977年の唐古池南側（大字「鍵」）の調査では集落を囲む環濠の存在が確認されたほか、土製の銅鐸鋳型や鞴の羽口、坩堝、石製鋳型片、火鑽臼などが検出され、銅鐸の鋳造が示唆されたほか、弥生中期の大溝からイノシシの下顎骨が1本の棒に通されたかたちで14体分も検出され、儀礼を示唆するものとして注目を浴びた。その後の継続的な調査でも、重弧文様をもつ袈裟襷文銅鐸の石製鋳型、玉類製作の砥石や機織具、卜骨などの祭祀遺物、褐鉄鉱容器に入ったヒスイ製勾玉、楼閣が描かれた絵画

I　歴史の文化編　13

土器など特殊な遺物も認められている。また、炭化した稲穂の束は、穂首刈りの証左であるとともに、当時のイネの収穫量を知る手掛かりとして注目された。他方、弥生時代前期のドングリ貯蔵穴の存在は、縄文時代の生業を踏まえつつ、非常時に備えた弥生人の姿を示唆している。現在までの成果として、集落の大環濠（内濠）は直径400mの範囲を囲み、外濠を含めた全体では約42万m²の面積に及ぶと考えられている。近年も継続的な調査が行われており、今後も新たな発見が期待される遺跡である。

中西遺跡 （なかにし）
＊御所市：巨勢山丘陵の北辺部の平地、標高約110mに位置
時代 弥生時代前期～古墳時代

1989年に国道309号線歩道工事に伴い発掘調査が行われ、弥生時代前期の遺構や遺物が確認された。2010年、京奈和自動車道御所南パーキングエリア建設に伴う発掘調査が行われた。弥生時代前期の水田跡が約9,000m²にわたり検出され、既存の調査と合わせ2万m²を超える国内最大級の弥生前期の水田跡とされる。水田跡は一辺3～4mの長方形で、現在構築される水田に比べて規模は小さい。河川の洪水によって埋没したもので、東西に走る畦を基準として、850枚以上の水田が整然と並んで検出された。遺構からは、水田は継続的かつ計画的に拡張していった様子がうかがわれ、当時の水田耕作技術を検討するうえで貴重な遺跡である。

纏向遺跡 （まきむく）
＊桜井市：三輪山山麓の扇状地、標高約60～90mに位置
時代 古墳時代前期

戦前より遺跡の存在が認識されていたが、1971年に纏向小学校と県営住宅建設に伴い発掘調査が実施され、東西約2.5km、南北約1.5kmの範囲内で大字巻野内・草川・辻・太田・東田・大豆越などの旧纏向村にまたがって遺構が展開することが判明した。

太田北方辻地区では、古墳時代前期（庄内式期前半・3世紀前半）に建てられたと見られる長軸19.2m、短軸12.4mの大型の掘立柱建物と柱列からなる建物群が検出されており、居館域にあたると考えられている。さらに建物群廃絶時の大型土坑からは、意図的に壊された土器や木製品のほか、イワシ類・タイ科などの魚類、カエルなどの両生類、ニホンジカ・イノシシなどの哺乳類骨や2,000個以上のモモの種子など、多量の動・植物遺存体が出土している。また東田地区では、小学校建設時の調査において、幅約5m、深さ約1.2mの2本の大溝が検出されている。これらは人の字形に合流し、南溝にはヒノキ材の矢板で護岸が、両溝の合流点には井堰が設けられており、灌漑用とともに物資運搬用の水路とする見解が示されている。

出土した土器は古墳時代前期の土器（纒向1式〜4式期）として評価されているが、そのなかには東海東部・西部、北陸、山陰、大阪湾岸、瀬戸内中部・西部、九州などの他地域のものが15〜30％認められており、各地域との多様な交流を示している。また、銅鐸片や鳥形・舟形の木製品、木製仮面の出土も注目される。加えて、吉備地域に認められる弧帯文様をもつ特殊器台や弧文円板、弧文板、弧文石板なども興味深い。また鞴羽口や鉄滓なども出土し、鉄器製作の可能性が指摘されているほか、庄内3式期（3世紀中頃）の溝からは、日本列島には自生しないベニバナやバジルの花粉もあり、高度な技術や知識をもった渡来人との交流もうかがわせる。

箸墓古墳 (はしはか)
*桜井市：三輪山西麓の扇状地、標高約60mに位置
時代 古墳時代前期

　『日本書紀』崇神天皇10年9月の条に「昼はひとつくり、夜は神つくる」と伝承されるヤマトトトヒモモソヒメの「大市墓」に比定され、箸中山古墳とも称される。墳丘長280m、後円部径160m、前方部幅140mを測り、古墳時代初期に築かれた古墳として最大級の規模をもつ。陵墓比定地のため本格的な調査は行われていないが、墳丘上からは、畿内系の二重口縁壺や吉備系の特殊器台形土器（宮山型か）や特殊器台形埴輪（都月型か）などが採集されている。近年、後円部東裾で行われた調査において、幅約10mの周濠の上層に堆積した、厚さ約20〜25cmの植物層の中層から、カシ類（アカガシ亜属）の材を用いた木製輪鐙が出土した。層位や土器の年代観から輪鐙の帰属時期は古墳時代前期後半（布留1式期・4世紀初め）のもので、古墳の築造後に周濠に投げ込まれたものと考えられている。馬の存在を示す国内最古級の事例として注目されている。

　箸墓古墳の北東に位置するホケノ山古墳（桜井市：墳長80m）は、内行花文鏡、画文帯神獣鏡、銅鏃などが副葬され、3世紀中葉の発生前後の前方後円墳として評価されている。こうした初期の前方後円墳が点在する纒向古墳群や後述の柳本古墳群などの存在は、三輪山麓における山辺の道周辺の地域の族長による権力が拡大し、次第に王権として成立していく過程を象徴するものと評価されており、纒向遺跡の存在と併せて、邪馬台国大和説を根拠づける事例として注目を集めている。

大和天神山古墳 (やまとてんじんやま)
*天理市：龍王山の西麓、標高約90mに位置
時代 古墳時代前期

　1960年、国道162号線建設に先立ち発掘調査が行われた。行燈山古墳（崇神天皇陵・墳丘長240m）の西方、伊射奈岐神社境内東部に位置する前方

I　歴史の文化編　　15

後円墳であり、墳丘長113m、後円部径55mを測り、残念ながらすでに東側が道路によって削平された。後円部主軸と平行した竪穴式石室は、扁平な割石を小口積みに持送りとする横断面が合掌形の石室で、長さ6.1m、幅1.3m、高さ1.2mの規模をもつ。中央には現存長2.6m、幅76cmのヒノキ製木櫃が納められ、その内部には約41kgの水銀朱が敷き詰められ、その周辺に方格規矩鏡、内行花文鏡、画文帯神獣鏡、三角縁変形神獣鏡、画像鏡、獣帯鏡など計20面を検出し、櫃外でも獣帯鏡1面、方格規矩鏡、人物鳥獣文鏡の各1面で、合わせて23面の鏡が検出された。ほかに直刀3口、鉄剣4口、刀子1口、短冊形鉄器1点があり、鉄剣の1口には木装の柄の部分に直弧文が施されていた。前方部からは古墳時代前期の土師器・壺（布留式）の破片が出土し、3世紀後半から4世紀前半の築造と推定される。遺体の埋葬痕跡は認められず、行燈山古墳の陪塚と評価されている。また、大量の鏡が検出されたにも関わらず、「三角縁神獣鏡」は検出されておらず、関心を集めている。

　他方、行燈山古墳の西北方約500mに位置する前方後円墳である黒塚古墳（天理市：墳丘長131m）では、1997年から行われた埋葬施設と墳丘の発掘調査の結果、後円部中央に竪穴式石室（合掌型石室・全長8.3m）が認められ、長さ6.3mのクワ材の割竹型木棺が認められた。棺内には画文帯神獣鏡1面と刀剣類3点が副葬されていたが、棺外に33面もの三角縁神獣鏡が鏡背を外側にして検出された。なお、行燈山古墳は陵墓指定がされているため、本格的な発掘調査が行われていないが、宮内庁による墳丘工事に際して、古墳時代前期前半と想定される土器・埴輪が出土した。墳長300mを測る前方後円墳である渋谷向山古墳（天理市：景行天皇陵）とともに古墳時代前期の古墳を主体とする柳本古墳群を構成している。

桜井茶臼山古墳

＊桜井市：鳥見山北麓の丘陵の先端、標高約90mに位置　**時代**　古墳時代前期

　1949〜50年に発掘調査が実施され、竪穴式石室と石室の周囲から底部に穿孔のある壺を配置した施設が検出された。墳丘長約207m、後円部径約110m、前方部幅約61mを測り、周濠上の区画が認められる。前方部が細長く、柄鏡形を呈する。竪穴式石室は、割石によってていねいに構築され、天井部12枚の花崗岩によって覆われていた。長さ約6.8m、幅約1.3m、高さ約1.6mの規模で、石室内は水銀朱を約200kgも用いて塗布されていた。石室中央には、コウヤマキ材（第1、2次調査では「トガ」と鑑定されていたが、2009年の再調査で判明）を用いた木棺があり、盗掘にあっ

ていたが、玉杖、勾玉、管玉、玉葉、変形琴柱形石製品、異形石製品、鍬形石、石釧などの玉・石製品のほか、内行花文鏡・三角縁神獣鏡の破片や、銅鏃・鉄鏃などが出土した。3世紀後半から4世紀前半に構築されたものと推定される。

2009年の再調査では、後円部中央の石室上部に形成した「方形壇」と呼ばれる祭壇遺構（東西9.2m、南北11.7m、高さ約1m）の調査が行われ、柱穴30基が検出された。柱穴の深さは1.3mあり、およそ地上高2.3m程度の「丸太垣」が約150本程度、方形壇を囲っていた可能性が想定されている。第1、2次調査で、石室上部から底に直径7cm前後の穿孔を施した壺形土器が長方形状に検出されたが、これらは「丸太垣」の外にめぐらされていたものと推測され、埴輪の起源など当時の葬送儀礼を検討するうえで貴重な事例といえる。鏡は13種類合計80枚程度が副葬されていた可能性が指摘されている。「是」の字が認められた鏡片を3次元計測した結果、蟹沢古墳（群馬県高崎市：円墳・径12m・古墳時代後期）の三角縁神獣鏡と一致したことが報じられている。2011年には、竪穴式石室の北と東に副室の存在が確認された。

いわゆる「磐余」と呼ばれて、豊富な宮都伝承が記紀に認められるが、磐余池や諸宮の遺構は明確には発見されていない。しかし、本古墳の存在は、大和川や粟原川沿いに峠を越え、伊勢へとつながるこの地は交通の要衝として、磐余の地が重要な意味をもっていたことを示唆していよう。

山ノ神遺跡 ＊桜井市：三輪山（標高467m）西麓に位置
時代 古墳時代中期

1918年に、地元住民が開墾に際し、巨石を移動させようとしたところ偶然に発見された。巨石は「磐座」であり、長軸1.8mで周囲の5つの石とともに、割石などで地固めされたうえに構築されていた。発掘直前で盗掘されたため遺物は一部にとどまるが、小型素文鏡3、碧玉製勾玉5、水晶製勾玉1、滑石製子持勾玉1、勾玉100点以上、剣型数百点のほか、土製模造品の高坏、盤、坏、臼、杵、杓、匙、箕など、須恵器、鉄片といった多様な遺物が出土した。遺跡は大神神社の北東、三輪山の西麓に位置し、この巻向川と初瀬川に挟まれた地域では、祭祀遺跡がほかにも認められている。また、三輪山中には3つの磐座群があり、頂上に奥津磐座、標高300〜400mの稜線には中津磐座があり、拝殿背後の三ツ鳥居から少し進んだ場所には辺津磐座がある。辺津磐座は禁足地となっており、子持勾玉や滑石製臼玉などの採集が知られるが、本格的調査は行われていない。

Ⅰ　歴史の文化編　17

古来、三輪山は大物主神のいます神体山として信仰されてきた。『日本書紀』崇神天皇7年8月条には、大物主神の子である大田田根子が茅渟県の陶邑で見出され、大物主神の祭祀にあたるようになったとされ、三輪山中の祭祀遺跡から出土する須恵器がそうした陶邑窯跡群でつくられたものが多いことは、この伝承とも相応しており興味深い。そして、こうした山中に巨石を伴う数多くの祭祀遺構が存在することは、その三輪山の信仰のあり方を考えるうえで興味深い。

飛鳥寺跡

＊高市郡明日香村：飛鳥川右岸の段丘上、標高約108mに位置

時代 飛鳥時代 **史**

法興寺・大法興寺・元興寺と称され、平城京の元興寺に対して本元興寺と呼ぶ。蘇我馬子が創始した寺であり、『日本書紀』や『元興寺伽藍縁起』には、588（崇峻天皇元）年に百済王がおくった僧や寺工・露盤工・瓦工・画工が参画して、飛鳥真神原で法興寺の造営に着手、同4年に仏堂と回廊ができ、593（推古天皇元）年正月に、塔心礎中に仏舎利を納めて心柱を立て、同4年11月に塔が完成したとされる。

中心伽藍の発掘調査は、奈良国立文化財研究所を中心に1956～57年にかけて行われた。その結果、塔を中心にして、北と東と西に金堂を配し、塔前の中門の左右から回廊が構築されて、塔と三金堂を囲む特異な伽藍配置で、中門の前に南大門、回廊の北に講堂、回廊の西に西大門があり、これら大門に続く外郭の築地が存在したものと考えられている。このほか南門前の石敷広場などが検出された。寺の伽藍は1196（建久7）年6月の雷火で金堂と塔が焼け、本尊も頭と手が残存するのみという被害を蒙った。現在の安居院本堂の大仏は中金堂に安置されていたが、凝灰岩台石から動かされた形跡はなく、原位置を保っているものと考えられる。

また、塔跡の心礎上面の中央には舎利を納める方孔がうがたれており、石蓋が施されていたと推測されている。建久年間に再埋納された舎利や玉類・金環・金銀延板・金銅飾金具と鈴・銅馬鈴・鉄挂甲などが心礎上から検出されている。これらのうち鈴・銅馬鈴・鉄挂甲などは古墳から出土する副葬品と同種類のものであり、外来文化の影響下に造営された寺院であっても、その埋納物には古来の要素が反映されていることを示唆しており、興味深い。その後の調査で、寺域北限の掘立柱塀と石組の溝が検出されたほか北東隅も確認され、南北が324mで東西の幅はやや台形状であった可能性が指摘されている。この飛鳥寺の旧寺域の南東隅に接して、飛鳥寺瓦窯跡（明日香村）があり、飛鳥寺創建後に築造され操業した最古級の瓦窯

跡と考えられる。

　飛鳥寺西方遺跡（明日香村）は『日本書紀』に登場する「槻の木の広場」跡と推定されている。644年に中大兄皇子と中臣鎌足が蹴鞠に際して初めて出会った場所とされ、蘇我入鹿を暗殺した乙巳の変（645年）直後には天皇、皇太子、群臣らが集まり、この槻の木の下で盟約を交わしたとされる。これまでに石敷遺構や排水用の石組溝などが検出されており、槻の木の痕跡は検出されていないが、2017年には総柱形式の建物跡が検出されている。この飛鳥寺西方遺跡の西隣に蘇我入鹿の首塚とされる石塔がある。五輪塚・首塚と称する土盛があり、その上に花崗岩製の五輪塔が立っている。現在は水輪が上下逆に構築されているが、様式的には南北朝時代に造立されたものと考えられている。

牽牛子塚古墳
＊高市郡明日香村：高取川左岸の丘陵中央部、標高約115mに位置　時代　飛鳥時代後期　　史

　1912年から調査が行われ、巨大な二上山の凝灰岩を刳り抜いてつくった南向きの横口式石槨を呈し、内部は間仕切りの中壁をもって区画されて、ほぼ同形の左右2室をもつ特異な構造であることが明らかとなった。各室は奥行2.1m、幅1.81m、高さ1.3mで、それぞれの底面に低い棺台をつくり出している。そして石室内部からは、高位の被葬者のみに用いられた漆の棺「夾紵棺」の破片や人骨片が出土した。1977年の調査では、棺に取り付けられたと思われる棺座金具・鉄釘・鉄鋲なども出土し、勾玉・ガラス玉・臼玉などの玉類、人歯も検出された。棺座金具には七宝飾の亀甲形座金具や金銅製の八花文・六花文座金具など見事な装飾が施され、一部は国指定の重要文化財となり、橿原考古学研究所付属博物館に所蔵される。

　2010年の再調査では墳丘周辺を発掘し、北西の墳丘裾部に石槨を囲む凝灰石の大型切石を並べた幅1mほどの敷石列が検出された。一辺の長さは約9m、対辺は約22mと推定され、その外側を囲む砂利敷きを含めると、対辺は32m以上に及ぶ正八角形を呈していることが判明した。八角墳は当時の天皇陵にも採用された形状であり、本古墳が、『日本書紀』に娘の間人皇女と合葬されたとの記述がある斉明天皇陵（在位655～661年、皇極天皇が重祚）である可能性がより高まった。なお、宮内庁は車木ケンノウ古墳（越智崗上陵：高取町）を斉明天皇陵に比定している。

高松塚古墳
＊高市郡明日香村：檜前川と平田川に挟まれた丘陵上、標高約105mに位置　時代　飛鳥時代　　史

　1969年、地元住民により凝灰岩の切石が発見され、1972年に『明日香

I　歴史の文化編　　19

村史』編さん事業として、発掘調査が行われることとなった。墳丘径18m、高さ5mの円墳で、江戸時代には文武天皇陵と考えられていた。墳丘南側に墓道があり、墓道の正面には凝灰岩の切石を組み合わせた横口式石槨が認められた。その南側石の外より向かって右上に盗掘坑があり、石槨内法は長さ2.65m、幅1.03m、高さ1.134mで、中には漆塗木棺（長さ2.02m、幅約60cm）が置かれていた。そして側壁面には漆喰が施され、極彩色の壁画が発見された。天井中央部に天極五星、四輔四星と二十八宿の星辰、東壁面には日像と青竜、そして男女各4人の人物群像、西壁面には月像と白虎、男女各4人の人物群像、北壁面の中央には玄武が描かれていた。盗掘のため消失した南壁面を除いて、石槨内にこうした壁画を施した古墳の発見は初めてであったため、世間の関心を集めた。副葬品としては、海獣葡萄鏡、銀装大刀の外装具、玉類や棺の飾金具などが出土した。

古墳は国特別史跡、壁画は国宝、出土遺物は国重要文化財として位置づけられ、1976年には石室南側の前室部分に空調設備を備えた保存施設が完成した。しかしその後、数次にわたるカビの発生や修理時の人為的な損傷など壁画の劣化が社会問題となり、ついに2006年、墳丘の調査とともに石室解体が行われ、保存施設での壁画の修理が行われることになった。現在は古墳近くの「高松塚壁画修理作業室」において、保存修理が続けられており、年2回程度の一般公開が行われている。

なお、高松塚古墳と同様に四神図と十二支像、そして黄道二十八宿を含む星宿群の天文図が描かれた壁画をもつキトラ古墳（明日香村）でも、壁画保存のため内部の発掘調査が行われ、漆棺片・歯牙・刀装具・琥珀玉などが出土したほか、壁画の保存修理のために剥取り作業が行われ、現在はキトラ古墳壁画体験館「四神の館」内の「キトラ古墳壁画保存管理施設」で修理が行われている。

法隆寺（ほうりゅうじ）
＊生駒郡斑鳩町：生駒山地南端、大和川右岸の台地、標高約50mに位置　**時代** 飛鳥時代　**史**

法隆寺は厩戸王（聖徳太子）の創建と伝えられる寺院であり、創建年代は金堂東座に安置された薬師如来像の光背銘から607（推古15）年とされるが、『日本書紀』にはその前年に斑鳩寺が存在していた記事があり、ほかの史料の記述とも合わせて、創建年代については依然として検討の余地がある。現在、中心的な建物は西院伽藍と呼ばれる一群で、塔を西、金堂を東に置き、中央に講堂が置いて回廊がめぐる配置の構成を示し、法隆寺式と呼ばれ特徴的な伽藍配置として評価されている。法隆寺の創建につ

いては、明治時代から議論があり、再建・非再建論争が激しく戦われた。それは『日本書紀』の670（天智天皇9・庚午）年に斑鳩宮で火災があったとする記述から、現在の伽藍が再建されたものか否かが争点であった。

1939年、石田茂作らによって西院塔頭南側の普門院境内で発掘調査が行われ、この伽藍が西院伽藍とは異なり、南に塔、北に金堂が南北方向に配置される「四天王寺式伽藍配置」であることや、現存伽藍と異なり堂塔の中心軸が北西方向へ20度ほどずれていることが判明した。また、検出された瓦類は単弁蓮華文の軒丸瓦と忍冬唐草文の軒平瓦を組み合わせたもので、西院伽藍の瓦類よりも様式が古式であり、こうしたことから、この「若草伽藍」が創建時の法隆寺であり、西院伽藍は再建されたものであることが定説となった。その後も寺域内での発掘調査が断続的に行われており、1949年の五重塔解体修理では、心礎内部から舎利容器が発見され、ガラス製舎利瓶や海獣葡萄鏡、玉類が認められた。

法隆寺の所蔵する仏像や玉虫厨子（国宝）をはじめとした寺宝類は貴重であり、その一部は1878年に皇室に献納。現在は「法隆寺献納宝物」として東京国立博物館法隆寺宝物館に保存されている。また、金堂内の白鳳期とされる壁画は1950年に模写作業中に焼失し、文化財保護法設立のきっかけとなった。また、1998年には世界文化遺産（古都奈良の文化財）の構成資産となった。なお、法隆寺より西に著名な藤ノ木古墳（斑鳩町：直径48m・円墳）が位置し、未盗掘の石棺をはじめ多様な遺物が検出された。玄室には金銅製馬具類が検出されたほか、石棺内には2人（1体は20歳前後の男性、1体は年齢・性別不明）が埋葬され、その被葬者をめぐって関心が集まった。

山田寺跡 ＊桜井市：各務原台地の北西端、標高約120mに位置
（時代）飛鳥時代後期 （史）

1976～77年に奈良国立文化財研究所によって発掘が行われた。「乙巳の変」で活躍し、649（大化5）年に讒言により自殺した蘇我倉山田石川麻呂の創建による山田寺跡と想定され、残存する基壇跡などから、伽藍は塔・金堂・講堂と一直線に並ぶ四天王寺式とされてきた。しかし、発掘調査の結果、東西約212m、南北185mの掘立柱塀で区画されて南門が配置され、さらに中門をもつ回廊が塔と金堂を囲み、講堂の南側で閉じる形状であることが判明し、山田寺式伽藍と名づけられた。塔の土壇は一辺12mで、心礎と北西の四天柱は原位置をとどめ、心礎付近から堂塔の側面を装飾していたと考えられる独尊や四尊連座などの塼仏が検出された。1977年に

I 歴史の文化編 21

は、11世紀前半に倒壊した東面回廊が横倒しの状態で検出され、柱や連子窓などの構造が確認でき、古代建築史の研究に貴重な資料を提供した。

なお1023年には、藤原道長が高野山参詣の途中に立ち寄り、山田寺の堂塔を「奇偉荘厳」と評し、感銘を受けたとされる。そして1187年には、興福寺東金堂衆が山田寺本尊の金銅丈六薬師三尊像を奪い取り、東金堂の本尊としたとする記述が、『玉葉』に認められ、その後、堂宇は衰微した。この山田寺仏頭は、現在は「興福寺仏頭」として国宝に指定されている。

藤原宮跡
ふじわらきゅうせき

＊高市郡明日香村：奈良盆地の南、標高約70〜75mに位置
時代 飛鳥時代〜奈良時代前期　　史

藤原宮は飛鳥浄御原宮より694年に遷都がなされ、日本列島における本格的な都城として成立した。藤原宮の位置については、江戸時代より議論があったが、1934年より日本古文化研究所によって発掘調査が行われ、南北約610m、東西約230mの規模で朝堂院が存在すること、内郭における12堂の配置と回廊の規模、さらには大極殿の規模とそれを囲む回廊および東西両殿の位置と規模が初めて明らかとなった。

1966年より奈良県教育委員会、その後は奈良国立文化財研究所が引き継ぎ、調査が進められてきた。発掘調査によって宮域の規模は東西約925m、南北906mのほぼ正方形であると考えられている。掘立柱によって構築された大垣が宮城を囲み、幅6〜7mの外堀や内堀を回っていた。堀からは多量の遺物が出土し、なかでも木簡は約3,000点近くが検出されている。成果としては「郡評論争」と呼ばれる議論がある。地方行政単位の名称として「郡」と「評」のいずれを用いていたかが争われたもので、藤原京の北面外濠から「己亥年十月上捄国阿波評松里□」（己亥年は699年）と記された木簡が出土したことにより、大宝律令制定（701年）以前には「評」を使っていたことが明らかとなった。

なお、藤原京の京域については、現在も議論がなされているところではあるが、道路遺構の検出が進み、実態が明らかになりつつある。現存する地割や旧官道の状況など歴史地理学的な視点を踏まえて、12条8坊（東西2.12km・南北3.186km）の条坊制を想定する説が有力であるが、さらに下京域を設ける「大藤原京」説（東西4.1km・南北6.2km）もある。未確定の部分も多く、今後の発掘調査が期待されている。

飛鳥池工房遺跡
あすかいけこうぼういせき

＊高市郡明日香村：奈良盆地南端の丘陵部の谷間、標高約110mに位置　時代 飛鳥時代〜奈良時代　　史

1991年、飛鳥池の埋立事業に先立ち調査が行われ、さまざまな工具、

の仏像が展示されている。近畿日本鉄道社長種田虎雄が、美術史家矢代幸雄に委嘱して建てた大和文華館にも国宝／重要文化財が多い。また天理大学附属天理図書館は、日本だけでなく世界の稀覯書を多数の所蔵していることで有名である。

　明治維新の時、廃仏毀釈の嵐は奈良県でも吹き荒れた。石上神宮の神宮寺だった名刹内山永久寺では、僧侶がすべて還俗して堂塔はなくなり、仏像なども散逸して、多数の名品がコレクターたちの手に渡った。興福寺の僧侶も全員春日大社の神職となり、興福寺は事実上廃寺となって荒廃した。興福寺の再興が始まったのは1880年からである。

◉藤ノ木古墳出土品

橿原市の橿原考古学研究所附属博物館で収蔵・展示。古墳時代後期の考古資料。藤ノ木古墳は法隆寺の西約350mに位置し、直径50m、高さ約9mの大型円墳である。南東方向に全長14mの両袖式の横穴式石室が開口し、石室奥の長さ5.67mの玄室には、長さ2.35mの凝灰岩製刳抜式家形石棺が置かれていた。1985年の調査で石室の奥壁と石棺の間から、金銅製鞍金具をはじめとする装飾性豊かな馬具類と、小さな鉄板を連ねた挂甲、石棺と東壁との間から約800本もの鉄鏃、石室の右袖部から須恵器と土師器が出土した。1988年に石棺内が調査され、2人の被葬者とともに金銅製の冠や履、筒形品、大帯、装飾の施された刀や剣、銅鏡、金メッキされた銀製空玉やガラス玉など多量の玉類が出土した。未盗掘の古墳から豪奢な副葬品が大量に出土して一躍脚光を浴び、出土品が一括して国宝となった。6世紀後半に造営された大王に次ぐクラスの古墳と考えられ、2人の被葬者を、蘇我馬子によって殺害された穴穂部皇子と宅部皇子とする説がある。

◉盧舎那仏坐像

奈良市の東大寺の所蔵。奈良時代から江戸時代の彫刻。金堂（大仏殿）に安置された像高14.85mの巨大な仏像で、聖武天皇の発願により、国家的大事業として造立された。平安時代に空海が大日如来を中心とする世界観を請来する前は、盧舎那仏が仏尊の中で最高に位置づけられた。『華厳経』に説かれる蓮華蔵世界の教主で、釈迦如来の本仏として篤く信仰され、東アジア各地で盧舎那仏の巨像がつくられた。747年から鋳造が始まり、757年に鍍金を終え、光背まですべて完成したのは771年で、鍍金途中の752年に開眼供養が行われた。1180年の平重衡および1567年の松永久秀の兵火によって大きく損傷し、大半が補修された。右脇下から腹前の一部、両膝、両腕にかかる袖、

I　歴史の文化編　　27

台座の大部分が奈良時代の原形を留める。創建時の台座蓮弁部に、鏨による線彫の蓮華蔵世界図が描かれている。上段中央に豊満で堂々とした釈迦如来が坐し、左右それぞれに11菩薩が囲む。中段には25段からなる天界、下段には須弥山を包む大きな7枚の蓮弁が配される。奈良時代の仏教観を示す優れた工芸の作品である。

●盧舎那仏坐像

奈良市の唐招提寺の所蔵。奈良時代の彫刻。唐招提寺は、戒律を授けるために来日した唐僧鑑真（688〜769年）が、新田部親王の旧宅に759年に創建した律宗の私寺である。8世紀後半に建立された金堂内の仏壇上に、本尊の盧舎那仏坐像と両脇に薬師如来立像、千手観音立像の3尊の巨像が安置され、周りに等身大の梵天・帝釈天立像、四天王立像の6護法神像がめぐる。これらの仏像は創建後間もない時期のものである。盧舎那仏坐像は像高304.5cm、脱活乾漆造という技法で原形の土型に麻布と漆を貼り重ねて、乾燥後に内部の土を除去してつくられた。眼や眉が横に引かれてややつり上がり、頰がはる。うつむき気味で大きな頭部から太い首、なで肩、豊かな腹部へと続く。高さ5mを超える光背には、『梵網経』の説く盧舎那仏の威容に忠実に、千体の小さな化仏が付けられている。金堂は5間に2間の母屋に庇をめぐらせて桁行7間、梁間4間とし、正面前方1間を吹き放して開放し、太い列柱が並ぶ。正面5間の戸口は前の列柱の奥にあり、柱間の長い中央3間の板扉を開くと、それぞれの柱間から大きな3尊像が姿を現す。堂内ではなく、堂外の前庭から尊像を礼拝する当時の習慣にあった視覚的効果が考慮されている。内部に入ると、広い面積を占める仏壇上に大きな仏像が並び、見上げると母屋柱上の組物から支輪が立ち上がり、横にのびた太い大虹梁と、広々とした折上組入天井が見事な空間を構成している。唐招提寺金堂は現存する唯一の奈良時代の金堂で、中国唐時代の寺院をほのかに連想させる。

●信貴山縁起

平群町の朝護孫子寺の所有。平安時代後期の絵画。朝護孫子寺の中興の開山である10世紀初頭の僧命蓮にまつわる説話を、12世紀後半に3巻に描いた絵巻物である。上巻は、空を飛んで布施を受けていた命蓮の鉢が、布施を怠った長者の校倉を山上に運び去り、長者の懇願に応じて、千石の米俵を再び空飛ぶ鉢で送り返すという話である。中巻は、重病に苦しむ醍醐天皇のために、命蓮が剣の護法という童子を飛ばして天皇の病気を平癒させる。下巻は、信濃（長野県）に

住む命蓮の姉尼君が、命蓮を探し求めて奈良へ行き、夢で東大寺の大仏のお告げを得て再会し、2人で修行を続けた話である。飛び去る校倉に驚く人々、空へ舞い上がる多数の米俵と見上げる鹿たち、天空を疾走する剣の鎧を身につけた童子、東大寺大仏殿の正面で祈りを捧げ、仮眠し、また祈りを捧げて立ち去る尼君の時系列的行動など、それぞれの場面が表情豊かに描かれ、また信貴山を中心とする奈良の風景も情趣深く表現されている。平安時代に卓抜な技量で描かれた絵画である。

●法隆寺金堂 (ほうりゅうじ こんどう)

斑鳩町にある。飛鳥時代の寺院。聖徳太子が創建した伽藍が670年に焼失した後、8世紀初頭に再建された西院伽藍で、東に金堂、西に五重塔が並んで建つ。金堂と五重塔を囲む回廊が南側の中門から伸び、鐘楼・経蔵を経て凸字型に北側の大講堂に連なっているが、当初回廊は長方形で、鐘楼・経蔵、講堂は回廊の北側、つまり回廊の外にあった。回廊に囲まれた神聖な空間に、金堂と塔が建てられたのである。金堂は外見上三重の屋根であるが、一番下の屋根は裳階の屋根である。桁行5間、梁間4間の下層に、4間と3間の上層が設けられている。上層には床がなく、実用性のまったくない外観を立派に見せるだけの機能である。正面3間、側面2間の母屋に庇が回り、母屋一杯に土築の仏壇がある。中央に本尊の釈迦三尊像、両脇に毘沙門・吉祥天立像、向かって右側に薬師如来坐像、左側に阿弥陀三尊像、四隅に四天王立像が安置されている。頭上には豪華な天蓋が3蓋かかる。堂内壁面には浄土を表す唐風の壮麗な壁画が描かれていたが、1949年に火災で焼損した。焼損する前の1935年に撮影された原寸大の写真原板から、かつての様子をうかがい知ることができる。法隆寺金堂は均衡のとれた世界最古の木造建造物である。

●薬師寺東塔 (やくしじ とうとう)

奈良市にある。奈良時代前期の寺院。730年に建立され、日本で最も美しい三重塔と称賛されている。薬師寺は7世紀末に藤原京内の橿原市城殿町に創建されたが、その後710年の平城遷都に伴い現在地に移された。薬師寺の伽藍は、金堂を中心に、金堂手前の左右に東塔と西塔、金堂の背後に講堂、そして金堂・東塔・西塔を囲んで中門から講堂へ連なる回廊がめぐっていた。度重なる災害や戦火が続くなか、東塔のみ、唯一被害を受けずに残った。三重塔の各重に裳階を付けたため、六重の屋根のように見える。二重まで柱間は3間で、三重で2間となる。中心に基壇の心礎から心柱が立ち上がる。屋根から上へ伸び

I　歴史の文化編　29

る相輪と塔身とのバランスが良く、また相輪上方の水煙には躍動する華麗な飛天が描かれていて、工芸品としても秀逸である。

◉當麻寺本堂

葛城市にある。平安時代後期の寺院。著名な當麻曼荼羅を本尊として祀るので曼荼羅堂といわれる。古代豪族の當麻氏の氏寺として創建され、その後823年に空海が曼荼羅堂に参籠してから真言宗となった。平安時代中期に浄土信仰が盛んになると、曼荼羅を安置する曼荼羅堂が聖地となり、真言宗と浄土宗の共存する寺院となった。本堂は寄棟造で桁行7間、梁間6間の大きな堂で、内部は内陣と外陣に分かれている。もともと桁行7間、梁間4間に前面に孫庇を取り付けた古い前身堂があり、1161年の改築で、前身堂の正面5間、側面2間の母屋を内陣にして庇、孫庇を取り払い、新たに外陣（礼堂）を設けて、四周に庇をめぐらせたのである。内陣上部は化粧垂木の見える化粧屋根裏で、二重虹梁や蟇股には天平時代の古い様式が残る。内陣には螺鈿で飾られた大きな須弥壇があり、漆塗り六角形の厨子 が置かれ、中に當麻曼荼羅図 から1505年に転写された文亀本曼荼羅図 が安置されている。當麻寺本堂は、内陣と外陣に分かれた奥行きの深い密教本堂の最古例で、その成立過程を示す貴重な建造物である。

◉金峯山寺本堂

吉野町にある。桃山時代の寺院。平安時代中期に浄土信仰が盛んになり、末法の最後に金峯山に弥勒菩薩が現れて人々を救うとして、貴族たちの間で御岳詣が流行した。藤原道長は1007年に金峯山山頂に経塚を築いて金銅藤原道長経筒 を埋納し、弥勒の化身とされた金剛蔵王権現に祈願した。鎌倉時代には修験道が発達し上ヶ岳頂上、安禅寺、山下の吉野山に蔵王堂が建てられ、吉野山一帯に広がる寺社が金峯山寺と総称されるようになった。吉野山の蔵王堂には過去の釈迦如来、現在の千手観音、未来の弥勒菩薩を本地とする3体の垂迹神の蔵王権現が祀られ、山下の中心となった。金峯山寺本堂は蔵王堂と通称され、1588年に再建された。屋根が2層ある大きな二重の建物で、初重は桁行7間26m、梁間8間27m、二重目は桁行5間、梁間6間で、全体の高さは28mである。東大寺金堂（大仏殿）に次ぐ規模を誇る。内部は内陣と外陣に分かれ、内陣奥の中央3間を板扉にして後方三方を板壁で囲った厨子内に、像高5.92m、7.28m、6.15mの巨大な3体の青色をした蔵王権現立像 が安置されている。

30

漆壺、坩堝、木製の雛型や炉跡などが検出されたことから、7世紀後半を中心とした銅・鉄・漆・木・ガラスなどの製品を生産した総合工房と判明した。さらに1996年には、奈良県立万葉文化館の建設に伴い発掘調査が実施された。谷のほぼ中央に設けられた掘立柱塀を境に北地区・南地区に区分される。北地区では石敷井戸、石組の方形池、導水路、建物跡などが検出されたほか、多量の木簡が出土し、特に「天皇聚□（露力）弘寅□」と記された木簡は、大王から天皇への過渡期を検討するうえで貴重な発見とされる。

　一方、南地区では谷底に水溜めと陸橋を組み合わせた汚水処理と推測される施設が設けられ、その両側に多数の炉跡を伴った建物が検出され、各種の製品を製造した工房群が置かれた地区と考えられている。特に流通銭として疑問視されていた富本銭も出土し、真土製の銭笵（鋳型）や切断された鋳棹、バリ、溶銅、銅滓、坩堝、鞴羽口など銭貨鋳造を示唆する遺物が多数検出された。和同開珎をさかのぼる流通貨幣の存在を示す事例として脚光を浴びている。また、富本銭鋳型以外にも、中型の海獣葡萄鏡鋳型や板仏鋳型が認められている。

平城宮跡
へいじょうきゅうせき

＊奈良市：奈良山麓丘陵の先端部、標高約60～70mに位置
時代　奈良時代前半～後半　　　　　　　　　　　　　　史

　平城京は708年に元明天皇が平城遷都の詔を発したことに始まり、710年に藤原京から都が移された。以後、784年に桓武天皇が長岡京へ遷都するまで、都城として位置づけられた。平城京・平城宮の位置については、江戸時代末期に北浦定政が『平城宮大内裏跡坪割之図』を著し、検討を加え、明治時代以降は、関野貞らがさらに平城京の復原研究を行った。本格的な発掘調査は、戦後1954年に内裏地域を東西に横断する道路敷設に際して、内裏の回廊部分が検出されたことに始まる。奈良国立文化財研究所の拡充が図られ、以後継続的な発掘調査が実施されている。

　平城宮は4つの部分から構成される。第1に天皇などの居住空間である内裏、第2に政治・儀式の場である大極殿、朝堂院、第3は内裏・朝堂院を取り巻く官衙区域、第4は東院である。1955年の発掘調査では、朱雀門の中軸線上に載る区画を和銅年間に造営の第1次朝堂院地区とし、壬生門の軸線に載るものを恭仁京（京都府相楽郡加茂町）から還都後の第2次朝堂院地区と想定しており、西側の若犬養門を軸とした範囲は官衙推定地と考えられている。そして、朱雀門の中軸線上の第1次朝堂院地区については、さらに3時期に分けられ、第1期は東西約180m、南北約320mの築地

I　歴史の文化編　　23

回廊で囲まれた区画をつくり、その北側には大規模な基壇建物が存在した。基壇の規模は東西180尺（53.2m）、南北97尺（28.7m）で、桁行7間梁行2間の身舎の4面に廂がめぐる建物と推定され、全体では桁行9間（44m）、梁行4間（19.5m）の巨大建築で平城宮創建期の大極殿にあたると考えられている。この建物は、2010年に復元された。

　第2期は東の内裏とほぼ同規模の約180m四方の築地回廊で囲まれた区画が形成される。東西棟の桁行9間の建物や数多くの脇殿も配される。そして第3期には、主体となる掘立柱建物を中心に、東西に南北棟の建物が配置され、平城上皇が平安時代に造営した建物である可能性も指摘されている。なお、唐招提寺の講堂（国宝）は、平城宮朝堂院の東朝集殿を移築したとされ、切妻の屋根を入母屋にするなどの改変はあるものの、平城宮唯一の建築遺構として貴重である。

　1967年には、平城宮東張出し部の南東隅から東西80m、南北100mの敷地内に州浜池を構築した庭園遺構が検出された。「東院庭園」と呼ばれ、遺構を土で覆い保護したうえで、新たに原寸大で庭園を復原し、2000年に公開されている。平城宮跡の保護については、保護や顕彰を目的として「奈良大極殿址保存会」が棚田嘉十郎らによって設立され、1921年には平城宮跡の一部を買い取り、国に寄付するなどしたが、十分な成果をあげられずに解散。その後、平城宮跡は1922年に国史跡に指定された。1952年、平城宮跡は特別史跡となり、1998年には世界文化遺産（古都奈良の文化財）の構成資産として登録された。現在は国営公園化が決定し、国土交通省主管により、平城宮跡歴史公園として遺構や建造物の復元整備が進められている。ただし、域内には県道や近鉄奈良線が縦貫しており、課題も多い。

長屋王邸宅跡

＊奈良市：奈良盆地の北の平野部、標高約65mに位置
時代 奈良時代前半

　1986～89年にかけて百貨店「奈良そごう」建設に伴い、奈良国立文化財研究所によって発掘調査が実施された。平城京跡左京3条2坊1・2・7・8坪の地にあたり、敷地内は掘立柱塀で囲まれた3つの長方形区画を設けて内郭が形成され、正殿と想定される建物と脇殿がある中央内郭、四面庇付建物を中心とする東内郭、2棟の両庇付建物をL字形に配した西内郭に分かれる。遺物としては「長屋皇宮」や「長屋親王宮」と記された木簡が検出され、それによって長屋王の邸宅跡であることが確定した。ほかにも約4万点にのぼる木簡（長屋王家木簡）が出土し、その記載事項からは御所・内親王御所・西宮や長屋王・妻吉備内親王・妻妾とその子どもたちの居住

空間を示す言葉や、政所をはじめとして大炊司・酒司などの衣食住関係、工司・鋳物所などの生産関係、書法所などの写経関係、馬司・犬司・鶴司など動物を管理する部署など、家政機関のさまざまな部署が存在したことがうかがわれる。残念ながら、遺跡は百貨店建設のため破壊された。なお、平城京全体については、東西約4.3km、南北約4.8kmの長方形を呈する京域と、東北部に下京が設けられていたと考えられている。東西94条と南北8坊の道路と朱雀大路により区画された条坊制の都市計画をもっていた。その全体像は未確定な部分も多く、今後の調査が期待される。

宮滝遺跡
＊吉野町：吉野川上流右岸の河岸段丘上、標高約190mに位置
時代 縄文後期～弥生中期、飛鳥～平安時代前期　　　　　　　史

1930年から1938年まで、奈良県の事業として末永雅雄らによって本格的な調査が実施され、2段の河岸段丘に縄文時代・弥生時代の遺跡とともに奈良時代を中心とする遺構が確認された。

主要な遺構としては、奈良時代の瓦や石敷遺構などが検出され、石敷きに先行する遺構として、掘立柱の柱穴列があり建物群の存在が想定されている。これらの遺構から、本遺跡が『日本書紀』や『続日本紀』などに記されている飛鳥時代の「吉野宮」、奈良時代の「吉野離宮」の跡の候補地として考えられるようになった。現段階では、大海人皇子が挙兵した吉野宮と断定できる遺構は認められていないが、今後の調査が期待される遺跡である。なお、縄文時代の遺物は石敷遺構などの下から認められ、特に内陸部でありながら海産のヘナタリ（巻貝）を用いた貝殻圧痕文のある縄文時代晩期の土器（宮滝式）が出土し、標識遺跡ともなった。また弥生時代では、竪穴住居跡とともに方形周溝墓が認められ、土器や壺棺も多数発見されている。なお、遠江地方の壺形土器（嶺田式）が認められており、吉野が東西交流の要衝であったことをうかがわせ、興味深い。

金峯山経塚
＊吉野郡天川村：山上ヶ岳（大峯山）の頂上、標高1,720mに位置　**時代** 平安時代中期～鎌倉時代前期

1691（元禄4）年に大峰山の頂上において発見された。銅製で高さ36.4cm、表面には金が塗布され、鏨で500字あまりの銘文が刻まれていた。藤原道長によって奉納されたもので、「1007（寛弘4）年8月11日」と記されており、埋納の様子は『御堂関白記』の記載に詳細に記される。道長のほかにも白河法皇、藤原忠通、師通など多くの人々によって奉賽された遺物群があり、多数の経筒や経箱、神・仏像などが検出され、平安時代から室町時代にかけて、人々の信仰を集めていたことをうかがわせる。

Ⅰ　歴史の文化編　　25

国宝 / 重要文化財

信貴山縁起

地域の特性

近畿地方の中央、紀伊半島の内陸に位置する。中央をほぼ東西に走る中央構造線という大断層に沿って、吉野川が流れている。吉野川を境にして北側には平地と丘陵、南側には山地が広がる。北西側の生駒山地と金剛山地、北東側の笠置山地にはさまれて奈良盆地があり、古代史の舞台となった。仏師の余業だった墨や筆のほかに、奈良漬、金魚、素麺などの伝統産業がある。北西側周辺は大阪の通勤圏として、高度経済成長期以降、宅地化が進み人口が急増した。県南部は紀伊山地北部の吉野山で、中央の大峰山脈は修験道の根本道場として有名である。銘木吉野杉に代表される林業が盛んである。

邪馬台国のあった場所が畿内か北部九州か、議論は分かれているが、奈良盆地南東にある桜井市箸墓古墳を卑弥呼の墓とする説がある。大和王権が確立して平安京に遷都するまで、古代国家の中心として栄華をきわめた。平安京遷都後も奈良（南都）の諸寺院は大きな勢力を維持した。中世には争乱が続き、江戸時代には多数の中小藩、天領、旗本領、寺社領が入り組んでいた。明治維新の廃藩置県で多くの県が置かれた後、奈良県に統合された。しかし堺県、そして大阪府と合併して奈良県は消滅したが、1887年に再び設置された。

国宝 / 重要文化財の特色

美術工芸品の国宝は138件、重要文化財は922件である。建造物の国宝は64件、重要文化財は200件である。飛鳥京から平城京までの古代国家による豪奢な仏教文化、続いて鎌倉時代の南都の活況を伝える文化財が多い。戦火をまぬがれた法隆寺の金堂と五重塔は、世界最古の木造建造物といわれている。南都7大寺をはじめ、多数の古刹に国宝 / 重要文化財がある。奈良国立博物館に寄託されている物品も多く、同館なら仏像館には、多数

26　凡例　●：国宝、◎：重要文化財

の仏像が展示されている。近畿日本鉄道社長種田虎雄が、美術史家矢代幸雄に委嘱して建てた大和文華館にも国宝／重要文化財が多い。また天理大学附属天理図書館は、日本だけでなく世界の稀覯書を多数の所蔵していることで有名である。

　明治維新の時、廃仏毀釈の嵐は奈良県でも吹き荒れた。石上神宮の神宮寺だった名利内山永久寺では、僧侶がすべて還俗して堂塔はなくなり、仏像なども散逸して、多数の名品がコレクターたちの手に渡った。興福寺の僧侶も全員春日大社の神職となり、興福寺は事実上廃寺となって荒廃した。興福寺の再興が始まったのは1880年からである。

●**藤ノ木古墳出土品**　橿原市の橿原考古学研究所附属博物館で収蔵・展示。古墳時代後期の考古資料。藤ノ木古墳は法隆寺の西約350mに位置し、直径50m、高さ約9mの大型円墳である。南東方向に全長14mの両袖式の横穴式石室が開口し、石室奥の長さ5.67mの玄室には、長さ2.35mの凝灰岩製刳抜式家形石棺が置かれていた。1985年の調査で石室の奥壁と石棺の間から、金銅製鞍金具をはじめとする装飾性豊かな馬具類と、小さな鉄板を連ねた挂甲、石棺と東壁との間から約800本もの鉄鏃、石室の右袖部から須恵器と土師器が出土した。1988年に石棺内が調査され、2人の被葬者とともに金銅製の冠や履、筒形品、大帯、装飾の施された刀や剣、銅鏡、金メッキされた銀製空玉やガラス玉など多量の玉類が出土した。未盗掘の古墳から豪奢な副葬品が大量に出土して一躍脚光を浴び、出土品が一括して国宝となった。6世紀後半に造営された大王に次ぐクラスの古墳と考えられ、2人の被葬者を、蘇我馬子によって殺害された穴穂部皇子と宅部皇子とする説がある。

●**盧舎那仏坐像**　奈良市の東大寺の所蔵。奈良時代から江戸時代の彫刻。金堂（大仏殿）に安置された像高14.85mの巨大な仏像で、聖武天皇の発願により、国家的大事業として造立された。平安時代に空海が大日如来を中心とする世界観を請来する前は、盧舎那仏が仏尊の中で最高に位置づけられた。『華厳経』に説かれる蓮華蔵世界の教主で、釈迦如来の本仏として篤く信仰され、東アジア各地で盧舎那仏の巨像がつくられた。747年から鋳造が始まり、757年に鍍金を終え、光背まですべて完成したのは771年で、鍍金途中の752年に開眼供養が行われた。1180年の平重衡および1567年の松永久秀の兵火によって大きく損傷し、大半が補修された。右脇下から腹前の一部、両膝、両腕にかかる袖、

Ⅰ　歴史の文化編　　27

台座の大部分が奈良時代の原形を留める。創建時の台座蓮弁部に、鏨に
よる線彫の蓮華蔵世界図が描かれている。上段中央に豊満で堂々とした釈
迦如来が坐し、左右それぞれに11菩薩が囲む。中段には25段からなる天界、
下段には須弥山を包む大きな7枚の蓮弁が配される。奈良時代の仏教観を
示す優れた工芸の作品である。

●盧舎那仏坐像

奈良市の唐招提寺の所蔵。奈良時代の彫刻。唐招
提寺は、戒律を授けるために来日した唐僧鑑真（688
〜769年）が、新田部親王の旧宅に759年に創建した律宗の私寺である。8
世紀後半に建立された金堂内の仏壇上に、本尊の盧舎那仏坐像と両脇に
薬師如来立像、千手観音立像の3尊の巨像が安置され、周りに等身大
の梵天・帝釈天立像、四天王立像の6護法神像がめぐる。これらの仏
像は創建後間もない時期のものである。盧舎那仏坐像は像高304.5cm、脱
活乾漆造という技法で原形の土型に麻布と漆を貼り重ねて、乾燥後に内
部の土を除去してつくられた。眼や眉が横に引かれてややつり上がり、頬
がはる。うつむき気味で大きな頭部から太い首、なで肩、豊かな腹部へと
続く。高さ5mを超える光背には、『梵網経』の説く盧舎那仏の威容に忠
実に、千体の小さな化仏が付けられている。金堂は5間に2間の母屋に庇
をめぐらせて桁行7間、梁間4間とし、正面前方1間を吹き放して開放し、
太い列柱が並ぶ。正面5間の戸口は前の列柱の奥にあり、柱間の長い中央
3間の板扉を開くと、それぞれの柱間から大きな3尊像が姿を現す。堂内
ではなく、堂外の前庭から尊像を礼拝する当時の習慣にあった視覚的効果
が考慮されている。内部に入ると、広い面積を占める仏壇上に大きな仏像
が並び、見上げると母屋柱上の組物から支輪が立ち上がり、横にのびた太
い大虹梁と、広々とした折上組入天井が見事な空間を構成している。唐
招提寺金堂は現存する唯一の奈良時代の金堂で、中国唐時代の寺院をほの
かに連想させる。

●信貴山縁起

平群町の朝護孫子寺の所有。平安時代後期の絵画。
朝護孫子寺の中興の開山である10世紀初頭の僧命蓮
にまつわる説話を、12世紀後半に3巻に描いた絵巻物である。上巻は、空を
飛んで布施を受けていた命蓮の鉢が、布施を怠った長者の校倉を山上に運
び去り、長者の懇願に応じて、千石の米俵を再び空飛ぶ鉢で送り返すとい
う話である。中巻は、重病に苦しむ醍醐天皇のために、命蓮が剣の護法
という童子を飛ばして天皇の病気を平癒させる。下巻は、信濃（長野県）に

28

◎今西家住宅

橿原市にある。江戸時代前期の民家。今井寺内町の自治組織である筆頭惣年寄を務めた今西氏の住宅で、1650年に建てられた。荘園制の衰退とともに一向宗が力を増し、戦国時代には大坂石山本願寺派の称念寺を中心に寺内町が形成された。大阪の堺とも関係が深く、自衛的城塞都市として栄え、町人自治が発達した。江戸時代になると惣年寄制が敷かれ、惣年寄には死罪を除く司法権、警察権が与えられた。今井町は江戸時代を通じて戸数900前後、人口4,000人前後だったとされ、古い家屋と町並みが今でも多く残り、重要伝統的建造物群保存地区となっている。今西家住宅は町の西端に位置して、桁行8間、梁間6間半、前後に半間の庇を付ける。入母屋造の両妻に1段低い破風を付けて複雑な外観の屋根にしている。城の天守に千鳥破風や唐破風を付けて外観を立派に見せるのと同じ手法で、棟がいくつもあるように見えることから、八棟造ともいわれている。外部は庇の軒裏まで白漆喰の塗籠壁で、正面中央に木太い格子、2階前面に飾格子、東側に出格子があるので城郭建築のような外観である。代官所の役割をも兼ねた示威的表現であろう。平面は広い土間と、東西2列各3室の整型6間取りである。土間の上部空間は、桁行に3本の太い大梁をかけ渡して、豪壮な小屋組を見せている。

◎宝山寺獅子閣

生駒市にある。明治時代前期の宗教施設。生駒聖天ともいわれる宝山寺の客殿として、1884年に建てられた擬洋風建築である。越後（新潟県）出身の大工吉村松太郎が、横浜で研鑽後に棟梁となって建設したという。桁行11.6m、梁間7.4mの総2階建の建物で、玄関は西面にあり、南面は開放されたベランダで、その下は崖となって懸造で柱を支える。屋根は寄棟造で、玄関部分は切妻造である。玄関左右の角柱、その上のバルコニー左右の円柱は礎盤上に立ち、柱頭と脚部に精緻な彫刻が施されている。内部は1階南室が洋風で、室内南西隅にある2階に上る木製螺旋階段が目を引く。北側は和風の6畳2室、2階も和風10畳2室が並ぶ。文明開化の波及を示す和洋混合の好例で、良材を丁寧に工作して保存状態も良い。

Ⅰ　歴史の文化編　31

☞ そのほかの主な国宝／重要文化財一覧

	時　代	種　別	名　　　称	保管・所有
1	古　墳	考古資料	●七支刀	石上神宮
2	飛　鳥	彫　刻	●銅造釈迦如来及両脇侍像（金堂安置）	法隆寺
3	飛　鳥	彫　刻	●銅造仏頭（旧山田寺講堂本尊）	興福寺
4	飛　鳥	彫　刻	●塑造弥勒仏坐像（金堂安置）	當麻寺
5	飛　鳥	工芸品	●玉虫厨子	法隆寺
6	奈　良	絵　画	●高松塚古墳壁画	国（文部科学省所管）
7	奈　良	絵　画	●麻布著色吉祥天画	薬師寺
8	奈　良	彫　刻	●銅造薬師如来及両脇侍像（金堂安置）	薬師寺
9	奈　良	彫　刻	●乾漆鑑真和上坐像（開山堂安置）	唐招提寺
10	奈　良	彫　刻	●乾漆八部衆立像	興福寺
11	奈　良	彫　刻	●木心乾漆十一面観音立像	聖林寺
12	奈　良	工芸品	●金銅八角燈籠（大仏殿前所在）	東大寺
13	奈　良	工芸品	●刺繍釈迦如来説法図	奈良国立博物館
14	奈　良	工芸品	●銅板法華説相図（千仏多宝仏塔）	長谷寺
15	奈　良	工芸品	●梵鐘	東大寺
16	奈　良	典　籍	●紫紙金字金光明最勝王経	奈良国立博物館
17	奈　良	考古資料	●仏足石	薬師寺
18	平　安	絵　画	●紺綾地金銀泥絵両界曼荼羅図（子島曼荼羅）	子島寺
19	平　安	絵　画	●紙本著色寝覚物語絵巻	大和文華館
20	平　安	彫　刻	●木造薬師如来坐像（本堂安置）	新薬師寺
21	平　安	彫　刻	●木造釈迦如来立像（金堂安置）	室生寺
22	平　安	彫　刻	●板彫十二神将立像	興福寺
23	平　安	工芸品	●綴織当麻曼荼羅図	當麻寺
24	平　安	典　籍	●一字蓮台法華経	大和文華館
25	平　安	古文書	●伝教大師筆尺牘	奈良国立博物館

（続き）

	時　代	種　別	名　　称	保管・所有
26	鎌　倉	絵　画	●紙本著色辟邪絵	奈良国立博物館
27	鎌　倉	彫　刻	●木造金剛力士立像（所在南大門）	東大寺
28	鎌　倉	彫　刻	●木造俊乗上人坐像（俊乗堂安置）	東大寺
29	鎌　倉	彫　刻	●木造騎獅文殊菩薩及脇侍像	文殊院
30	鎌　倉	彫　刻	●木造不空羂索観音坐像（康慶作、南円堂安置）	興福寺
31	鎌　倉	彫　刻	●木造玉依姫命坐像	吉野水分神社
32	鎌　倉	典　籍	●日本書紀神代巻（吉田本）	天理大学附属天理図書館
33	鎌　倉	工芸品	●金銅透彫舎利塔	西大寺
34	江　戸	絵　画	●紙本金地著色風俗図	大和文華館
35	中国／南宋	典　籍	●宋刊本欧陽文忠公集（金沢文庫本）	天理大学附属天理図書館
36	飛　鳥	寺　院	●法起寺三重塔	法起寺
37	奈　良	寺　院	●海竜王寺五重小塔	海竜王寺
38	奈　良	寺　院	●唐招提寺金堂	唐招提寺
39	奈　良	寺　院	●法隆寺東院夢殿	法隆寺
40	平安前期	寺　院	●室生寺金堂	室生寺
41	鎌倉前期	寺　院	●東大寺南大門	東大寺
42	鎌倉前期	寺　院	●興福寺北円堂	興福寺
43	鎌倉後期	神　社	●宇太水分神社本殿	宇多水分神社
44	室町前期〜江戸末期	神　社	●春日大社本社	春日大社
45	江戸前期	寺　院	●長谷寺	長谷寺
46	江戸前期〜末期	神　社	◎談山神社	談山神社
47	江戸中期	寺　院	●東大寺金堂（大仏殿）	東大寺
48	江戸中期	寺　院	◎大峰山寺本堂	大峰山寺
49	江戸末期	民　家	◎旧岩本家住宅（旧所在　宇陀市）	奈良県
50	明　治	文化施設	◎旧帝国奈良博物館本館	独立行政法人国立博物館

Ⅰ　歴史の文化編　　33

郡山城石垣

城郭

地域の特色

　大和国と呼ばれ、古代では平城宮が営まれた。古代山城としては、西国からの狼煙通信を受け取ったとみなされる高安城が生駒山地の標高488mの山上にある。

　中世に入ると、南都奈良ならではの興福寺、春日大社の寺社勢力と、これに与する在地豪族が多くの城館を営み割拠。元弘の乱から南北朝期にかけて吉野山や金剛山系などにネットワークをつくる山城群が出現した。高取城、牧城、戒重城、鵄城など、大和を代表する山城が次々と築かれた。奈良盆地には、環濠集落と呼ばれる濠を廻らす自衛の村落、古代条里制に基づく堀を廻らす集落が営まれた。このような集落は「垣内」と呼ばれる。

　大寺社勢力を背景に現れる「国人領主」では越智、筒井氏らがとりわけ強大な武力集団となり、越智、貝吹、高取、箸尾、鬼薗山の各城が築かれる。宇陀地方では沢氏の沢ノ城、秋山氏の秋山城などが比較的険しい丘上に築かれ、大寺社勢力と並立した。

　戦国期になると、細川氏など隣接する勢力の影響をまともに受け複雑化する。二上山城、龍王山城、信貴山城、福住城に代表される大城郭が出現する。信貴山城は奈良盆地の西、大阪府と接する信貴山系の標高433mの雄岳山頂に築かれ、松永久秀が永禄2（1559）年に入城、本格的な山城とした。松永久秀が戦国大名として君臨するようになると、城は領国拠点の山城のみならず、地域支配のため、盆地のやや中央の丘に築かれるようになる。籠城目的より地域支配のため、城は山上から丘や河川がつくる要害な地が選ばれるようになった。多聞山城（多聞城ともいう）は、戦う城（山城）から見せる城（地域支配の拠点）である丘に築かれるのである。まさに近世城郭は、ここ多聞山城から始まったのである。近世に入ると郡山城が築かれ、大和の支配は郡山城と高取城に集約され、多聞山城は廃城となり、奈良盆地は郡山城の支配下になり、南都の押さえとして高取城といくつか

の陣屋が存城となった。

主な城

戒重城
（かいじゅう）

別名 開住城、開地城、開地井城、戒重陣屋　**所在** 桜井市戒重　**遺構** 堀

　南朝方が築いた西阿六城の一つ。ほかの河合城、安房城、鳥見山城、外鎌城、赤尾城のうち、最も西に位置する。城に竹が多く植えられたことから竹城の名もある。築城年代は明らかでないが、元弘2（1332）年7月、護良親王が吉野城を築いたのに際し、西阿も戒重城・河合城・外鎌城を固めているから、この頃の築城と考えられている。吉野城の藩塀として西阿の働きはめざましかったが、暦応4（1341）年5月から幕府軍の攻撃をうけ、7月2、3日の総攻撃で落城した。

　元和4（1618）年、織田信長の弟長益（有楽斎）の四男長政が、長益の3万石のうち1万石を分知され当地に封じられた。中世の戒重城跡に陣屋を構えた。東西185m、南北225mの規模で、幅5mの堀が廻っていた。頼宜の延享2（1745）年に移るまで、当城に陣屋があった。

小泉城
（こいずみ）

別名 片桐城、小泉陣屋　**所在** 大和郡山市小泉町　**遺構** 堀、門（移築）、復興櫓

　大和武士の一人、箸尾氏の出とも考えられる小泉氏が代々居城した。当初は筒井氏と敵対関係にあり、一時在地を離れた時代もあったが旧に復し、永正（1504〜21）頃から筒井氏の配下となった。筒井氏の伊賀移封の後、郡山城主となった豊臣秀長に、5万石で和歌山城主となった桑山秀晴、3万5千石の小川下野守、4万8千石の羽田長門守の3人の家老があり、羽田長門守が秀長入国の前年、天正12（1584）年に小泉城に入ったようである。

　元和元（1615）年、茨木城主片桐且元の弟貞隆は大和小泉1万6400石を与えられ、同3（1617）年に陣屋を構えた。茶人として有名な石州流の祖、石見守貞昌を出している。陣屋跡には石州流宗家の高林庵が建つ。一見二層櫓に見えるが陣屋の遺構ではない。

郡山城
（こおりやま）

所在 大和郡山市城内町　**遺構** 石垣、堀、復興大手門、隅櫓など

　中世の郡山には南北朝動乱後、郡山を中心とした有力名主層郡山衆の一団があった。外部勢力から自己を守るため、団結したものである。その居

I　歴史の文化編　　35

館は郡山丘陵に、集合体としての「雁陣の城」を形成していた。

天正5（1577）年、織田信長を背景に大和一国を支配するようになった筒井氏はその後、国中の諸城破却令により、筒井城を廃して郡山城を本拠とするのである。

同12（1584）年、筒井順慶が死ぬと豊臣秀吉は順慶の養子定次を伊賀に移し、大和大納言と称された秀吉の異父弟、秀長が大和、和泉、紀伊3か国100万石の大名として入城した。天正19（1591）年1月、秀長が没して子の秀保が跡を継いだが、秀保は文禄4（1595）年17歳で死去した。

その後、五奉行の一人増田長盛が文禄の役の功により22万石にて入城、惣構えの構築に着手した。長盛は関ヶ原の戦いに西軍に属し、領地没収その後は、城代時代が続く。

元和元（1615）年、水野勝成が6万石で入り、同5（1619）年、勝成移封後、松平忠明が入城すると大坂の陣などで荒廃した城の大修築を行った。廃城中の伏見城から城門4基が移されている。その後、本多氏2代、松平氏1代、本多氏5代を経て、享保9（1724）年甲府城主柳沢吉里が15万石で入城、柳沢氏が6代続いて明治を迎えた。

高田城　<u>所在</u>　大和高田市高田

永享年間（1429〜41）に高田氏が有井に築城し居城となし、同4（1432）年、足利義教の命によって高田城を築き、長子為秀を入れたという。さらに、土庫城を築いて次子重を置き、有井城は三子為隆に継がせたと伝えられる。これら3城のうち高田城が最も大きかったらしい。

室町幕府が高田氏を重要視したのは、南朝に忠勤を励んだ越智氏の押さえとしてであり、次第に大和の有力豪族として勢力を増していった。戦国末期、大和に松永久秀の力が及ぶとその味方を余儀なくされ、久秀が滅ぶと筒井順慶に恭順の意を表したが、天正8（1580）年、織田信長の命により高田城も廃城となり、高田氏は中ノ坊で殺され、滅亡した。

高取城　<u>別名</u> 芙蓉城、鷹取城　<u>所在</u> 高市郡高取町高取　<u>遺構</u> 石垣、城門（移築）、井戸、空堀、堀切　<u>史跡</u> 国指定史跡

元弘の頃（1331〜34）に後醍醐天皇方の一拠点として築かれ、子嶋氏の居城となり、永正15（1518）年越智氏が攻略した。城の形態として永正〜天文年間（1504〜55）にかけて整備されたようである。当初は越智氏も高

取城を越智城や貝吹山城に対する詰の城的存在のようであったが、越智城よりも自然の要害である当城が重要視されてくる。元亀2（1571）年越智民部少輔が一党の惣領として拠っていたのも当城で、天正11（1583）年越智玄蕃もこの地で最期を遂げているから、戦国末期は越智氏本城となっていた。郡山城に拠っていた筒井順慶は郡山一城のみでは大和の支配はできないとみて、織田信長の命令によって廃城となっていた当城の復活を企てた。郡山城の詰の城として、中世山城から近世山城への移行を遂げるのは100万石の大名として郡山城に入った豊臣秀長の時代で、天正13（1585）年、家臣の本多利久が城代として入り、総石垣造りの広大な城に改築された。

文禄4（1595）年4月、秀長を継いだ秀保が17歳で死亡すると増田長盛が郡山城主となるが、長盛の所領は大和半国の20万石で、家臣の本多因幡守とこの俊政はそのまま高取城主となった。慶長5（1600）年の関ヶ原の戦いでは、西軍の攻撃を受けた。叔父因幡守・甥正広以下よく防戦して西軍を退けたことは、天険によるものであったろう。関ヶ原の軍功で1万石を加増された本多氏も寛永14（1637）年に嗣子なくして断絶、同17（1640）年、植村氏が2万5千石をもって入城、14代相続いて明治に至った。高取城は江戸時代の大名の居城としては麓から山頂までの標高差（比高）が最も高く、390mある。

高安城 たかやすのき　**所在** 生駒郡平群町他　**遺構** 礎石

欽明天皇23（562）年新羅のため任那日本府は滅ぼされ、さらに天智天皇2（663）年白村江の海戦に日本軍は唐・新羅と戦って完敗すると、日本は朝鮮における勢力を失ったのみでなく、新羅、唐に備えねばならなかった。高安城のみでなく、屋島など西日本の各地に築城された古代の城はこのときのものである。天智天皇8（669）年8月、天皇自ら高安山に登り、城の修理、整備を行い、翌9（670）年には完成して、米塩を貯蔵した。両度の工事は糧食貯蔵庫の建設とみなされている。

壬申の乱（672）に近江軍は高安城に拠ったが、吉野軍の攻撃をうけ、収税倉は焼失した。文武天皇2（698）年10月から翌年にかけ再度の修築が行われたが、大宝元（701）年に廃された。

Ⅰ　歴史の文化編　37

多聞山城 別名 多聞城 所在 奈良市法蓮町 遺構 土塁、堀、堀切

　永禄10（1567）年に松永久秀が築いた。同3（1560）年の築城とする説もある。久秀は阿波の三好氏に仕え、三好長慶が主家細川氏に替わって畿内に勢力を得ると、その重臣として働いた。幕府から大和平定を命じられると、同2（1559）年大和に入り、同3（1560）年に信貴山に築城して居城とした。翌年、長慶が死するやその養子義継を擁し、同8（1565）年には義継・久秀と謀って将軍義輝を殺した。

　かくて永禄10（1567）年6月、久秀は奈良の北郊の佐保山（眉間寺山）に築城、本城とした。これが多聞山城である。この城は地形を利用して築城の妙をこらし、後々の築城に範となった。諸建築は豪華を極め、また城郭建築の多聞（櫓）と称する塁上の長屋は、当城に初めて営まれたことに由来するという。

　久秀の大和進出によって山中に逃れた筒井順慶は永禄10（1567）年10月、三好三人衆と結んで当城に来攻したが、その陣営に、東大寺は焼かれ順慶は敗れた。大仏の首が落ちたのはこのときである。

　永禄11（1568）年10月、久秀は足利義昭に降り、大和を領有、翌12（1569）年3月には順慶と再度戦ってこれを破った。順慶は宇陀に敗走したが、元亀2（1571）年辰市の一戦に久秀を破り、折から京都にあって天下統一を図る織田信長に久秀、順慶ともに降って和した。

　元亀3（1572）年、久秀は信長に背いたが、天正元（1573）年正月、再び信長に降り、当城を信長に献じ、自らは信貴山城に退いた。当城には佐久間信盛、明智光秀が守将として入った。

　その後の久秀は、石山本願寺、毛利氏などと結び、信長に背いた。天正5（1577）年織田信雄、順慶は信貴山城を陥れ、松永氏は滅亡した。

筒井城 別名 筒井館 所在 大和郡山市筒井町 遺構 堀

　永享2（1430）年、筒井順永の築城といわれ、平地にあり、順慶まで筒井氏代々の本城であった。

　筒井氏が力を得てくるのは興福寺一乗院の坊人としてで、土豪として近隣小土豪を押さえるようになるのは南北朝頃である。筒井氏は興福寺衆徒として、村落支配を進めていく。室町幕府も、南朝的な越智氏に対し、北

朝的な筒井氏には援助を与えていた。大和一国の戦国大名化を進めた筒井氏も順昭の死と、松永久秀の信貴山築城という障害に当面する。順昭の子順慶が、わずか2歳だったからである。筒井氏は逃れ、やがて明智光秀を介して織田信長に近づく。久秀討伐に功を積み、大和守護の原田直政が石山合戦に戦死すると大和の支配を任され、天正8（1580）年郡山に移った。

宇陀松山 城

| **別名** 秋山城、神楽岡城 | **所在** 宇陀市大宇陀春日 |
| **遺構** 遺構移築門、石垣、堀切 | **史跡** 国指定史跡 |

　宇陀市の松山城は、織豊期から近世初頭の城と城下町の景観を良好に伝える。城のはじまりは南北朝期、宇陀の在地領主秋山氏によった。比高120m（標高473m）の松山山頂に詰の城、その麓に居館を構える根小屋式山城だ。秋山氏退去後の天正13（1585）年、豊臣秀長は大和郡山城に入り、当城に伊藤義之・加藤光泰・羽田正親を入れた。文禄元（1592）年、多賀秀種の居城となるが、関ヶ原の戦いで多賀氏は西軍に属し、福島高晴が新たに入城。城下町の経営にあたった。その子孝治は元和元（1615）年に改易となり、城は徹底的に破却されるが、幕府は宇陀松山城・城割元役に名築城家として小堀政一（遠州）と中坊秀政を任じ、宇陀松山城に赴かせた。新たに幕府は織田信雄を宇陀松山と上野甘楽など5万石の大名にとりたて、長山丘陵に陣屋を構えさせた。元禄8（1695）年織田氏は移封、廃城となった。

西方院山 城

| **別名** 瑜伽山城 | **所在** 奈良市高畑町 | **遺構** 空堀、堀切、土塁 |

　奈良市の奈良ホテルの東側、県道を挟んだ比高11m余りの丘が城址である。瑜伽神社と飛鳥地蔵尊北側背後にあたる。『経覚私要抄』によれば筒井氏と越智氏が抗戦、越智方は文安元（1444）年1月、古市胤仙を奉行とし鬼薗山城の代わりとして着工したが、鬼薗山城の修築が早く竣工したので、築城を取りやめたと記す。また『大乗院寺社雑事記』に文明10（1478）年4月、再び鬼薗山城に代わり、西方院山に築城が計画され、翌年8月から起工、「天清宮より西に二重の古い時期の空堀があり、これを修築、壬9月29日に竣工」と記し、翌月2日に筒井方に攻められ、城兵は自ら火を放ち、城は焼亡したとある。わずか3日間という短命な城だった。注目されるのは興福寺山内の戦時に備えての築城であった点である。

I　歴史の文化編　39

牧野城 [まきの]　別名 上村城、土居の城　所在 五条市上之

　牧野氏代々の居城。牧野氏は南朝に属し、楠木正成、三輪西阿と並び称された豪族である。延元元（1336）年12月、後醍醐天皇の吉野潜幸には和田次郎、三輪西河らとともに城主牧野定観は警護の任にあたっている。

　城は山頂に本丸と伝えられる平坦地があり、城の東、西、南の三方は谷が深く、25〜50mの絶壁をなし、かつての水堀の跡と思われるツブレ池、ハジコ池、風呂谷池と称する池が残っている。これに拠った牧野氏とその一党は元弘3（1333）年の千早城攻防に、攻撃する幕府軍の腹背に奇襲をかけ、糧道遮断を図るなど多大の損害を与えていたのである。

柳生陣屋 [やぎゅう]　別名 小柳生城　所在 奈良市柳生町　遺構 石垣、井戸

　関白藤原頼通が大和の4郷を春日神社に寄進したとき、菅原道真の後裔菅原永家がその一つである小柳生庄を預かり、柳生氏を称した。

　その後、永珍[ながよし]のときに一時、所領を失ったが、建武新政権の成立（1334）に本領を安堵された。柳生は笠置山城の搦手にあたり、その戦功によるといわれる。永珍より7代の後裔が柳生新陰流の祖となった宗厳[むねとし]である。

　文禄3（1594）年徳川家康に見出され、関ヶ原の戦い前後は大いに働いた。その功によって柳生2千石を与えられ、寛永9（1632）年宗厳の後を継いでいた宗矩は総目付に任じられ、次いで1万2500石に増封された。ここに、将軍家の剣道指南役の大名が誕生するのである。

柳本陣屋 [やなぎもと]　別名 柳本城、楊本城　所在 天理市柳本町　遺構 表向御殿（移築）、堀、門（移築）、石垣

　柳本は中世柳本氏の拠った所である。

　元和元（1615）年、織田長益は所領3万石のうち1万石を五男尚長に与えた。尚長は、寛永年間（1624〜44）に柳本に陣屋を構え、13代続いて明治に及んだ。当所には黒塚古墳がある。この古墳は破壊されて封土を残していないが、前方部から室町時代と思われる石垣が発見されている。中世柳本城の遺構とも考えられる。古墳と環濠集落、これが柳本城であったかもしれない。

　織田氏の陣屋は古墳の主体部を取り入れず、その周溝を利用したものである。陣屋の表向御殿は玄関棟と大書院棟の2棟が橿原神宮（橿原市）文華殿として移築現存する。

戦国大名

奈良県の戦国史

室町時代の奈良県は多くの在地武士が乱立し、合従連衡を繰り返していた。大和武士の多くはその所領を興福寺に寄進しており、僧として興福寺を支える衆徒と、在地領主である国民という立場があった。興福寺には一乗院、大乗院という二つの門跡家があり、一乗院傘下の筒井氏・越智氏、大乗院傘下の十市氏・古市氏などが有力武士として知られていた。やがて、北部は筒井氏、南部は越智氏が盟主となり、永享年間になると両者は10年間にわたる闘争の末に筒井氏が勝利した（大和永享の乱）。

しかし、嘉吉元年（1441）に筒井氏の後ろ盾であった将軍足利義教が赤松満祐に討たれると筒井氏は内訌を起こして没落、さらに応仁の乱の戦火が大和にも広がって、国内は再び多くの国衆達が乱立した。このなかから、越智氏と古市氏が台頭し、11代将軍足利義澄が就任すると、越智家栄、古市澄胤が出仕した。ところが、勢力的には越智家栄の方が有力であったが、京では興福寺の衆徒として「律師」の位を持つ古市澄胤が重用されたことから両者が対立、さらに細川政元の家臣赤沢朝経が大和に侵攻してきたことで戦乱状態となった。こうしたなか、古市澄胤は赤沢朝経の養子長経とともに河内を攻めたがともに敗死、古市氏は没落した。

天文年間になると筒井順昭率いる筒井氏が再び台頭、越智氏、箸尾氏を降し、跡を継いだ藤勝（順慶）が大和国衆層を統一した。しかし、今度は畿内を制圧した三好長慶の家臣松永久秀が大和に進出。永禄2年（1559）には北大和を制して翌年信貴山城を築城し、三好氏を離れて独立した大名となり、筒井氏と対立した。同11年、久秀は織田信長に与して大和一国支配を認められ、信長の支援のもと筒井氏を攻めた。天正2年（1574）筒井順慶も信長に降り、同4年松永久秀が信長に叛いて自刃すると大和を統一、本能寺の変後は豊臣秀吉に従って大和一国を安堵された。

I 歴史の文化編 41

主な戦国大名・国衆

赤埴氏（あかはね）　大和国宇陀郡の国衆。もとは興福寺大乗院領荘園だった赤埴荘の下司で「赤垣」とも書かれた。赤埴安頼は後醍醐天皇に仕え、その子安朝は赤埴山に赤埴城（宇陀市榛原赤埴）を築城した。戦国時代、北畠氏の没落後信安は筒井氏に属していたが、天正13年（1585）に筒井氏が伊賀に転じると、新たに郡山城主となった豊臣秀長によって赤埴安忠は城館を破却された。

秋山氏（あきやま）　大和国宇陀郡秋山荘（宇陀市）の国衆。神戸社（阿紀神社）の神主だったが、のちに興福寺の被官となり、南北朝時代には国人として南朝方に属した。戦国時代には秋山城（宇陀市）に拠り、沢氏とともに宇陀郡を二分する勢力を持っていた。永禄3年（1560）松永久秀に属し、天正13年（1585）には豊臣秀長の入国で秋山城を追われたが、以後も在地勢力として存在し、大坂の陣の際に秋山右近が大坂城に入城している。

井戸氏（いど）　大和国式下郡の国衆。藤原式家の末裔と伝える。大和乾党の一つ。室町時代は菅田上荘（天理市）の荘官をつとめ、戦国時代は井戸城（磯城郡川西町）に拠っていた。戦国時代、良弘は筒井順慶に属して大和国添上郡で2万石を領した。のち織田信長に仕えて、山城槙島城主となる。子覚弘は筒井定次に仕え、筒井家が改易されたのちは大和に逼塞した。

越智氏（おち）　大和国の国衆。源姓を称していることから大和源氏の一族といわれるが、物部氏とも、伊予越智氏の一族ともいわれ不詳。同国高市郡越智（高市郡高取町越智）発祥で貝吹城に拠った。応仁の乱では西軍に属して東軍の筒井氏と対立。明応年間（1492～1501）には家栄は高市郡から葛上郡まで勢力を広げ、全盛を迎えた。天文年間（1532～55）になると筒井氏に圧され、同15年には貝吹山城が落城。天正11年（1583）には家秀が暗殺されて没落した。

片岡氏（かたおか）　大和国葛下郡の国衆。藤原北家で、豊成の子綱丸が葛下郡片岡

42

荘（香芝市・北葛城郡王寺町）に住んで片岡氏を称したのが祖というが不詳。鎌倉末期から片岡氏の名がみえる。室町時代には有力国人に台頭し、戦国時代は片岡城に拠って筒井氏に従っていた。筒井氏の伊賀移封には従わず、春之は大和に残って羽柴秀長に仕えたという。

沢氏 <small>さわ</small>

大和国宇陀郡の国衆。興福寺国民。南北朝時代は南朝に属し、伊勢北畠氏に属していた。戦国時代は沢城（宇陀市榛原）に拠って宇陀郡の国人として活動したが、松永久秀の支配下に入ったため伊賀に追放された。しかし、松永久秀の没落で宇陀郡に復帰、本能寺の変後は豊臣秀吉に仕えて、蒲生氏郷の与力となった。氏郷の会津移封には従わず、子孫は津藩士となった。

筒井氏 <small>つつい</small>

大和の戦国大名。名字の地は同国添下郡筒井郷（大和郡山市）。『寛政重修諸家譜』では藤原氏支流に収められている他、江戸時代の史料では藤原姓とするものが多いが、実際には大神氏とみられている。菅原姓という説もある。もとは興福寺一乗院門跡の坊人で、永享元年（1429）には筒井順覚が6代将軍となった足利義教に謁しており、この順覚が国人筒井氏の事実上の祖とみられる。同6年越智氏と戦って敗れ子順弘が継いだが、嘉吉元年（1441）内訌がおこり、幕府の支援を受けた順永が惣領の座に就いた。順永は応仁の乱で東軍として活躍したものの、文明8年（1476）に死去後、西軍の巻き返しで筒井氏は没落した。天文15年（1546）順昭が貝吹城の越智氏を降して再興。跡を継いだ順慶は松永久秀と争い、天正2年（1574）織田信長に従って、同5年松永久秀の自刃で大和一国を再統一した。信長が本能寺で討たれた際には去就に迷い、結局秀吉方に参陣して大和一国を安堵された。

十市氏 <small>とおち</small>

大和国十市郡の国衆。古代豪族十市県主の子孫か。物部姓、藤原姓説もある。また、読みも「といち」ともいわれる。大和国十市郡十市荘（橿原市十市町）の荘官の出で十市城に拠る。南北朝時代から史料上にあらわれ、長谷川党の刀禰（盟主）であった。天正年間遠忠が竜王山城（奈良県天理市）を築城して戦国大名化したが、その後2流に分かれて没落した。

I 歴史の文化編 43

箸尾氏　大和国葛下郡の国衆。藤原北家で勧修寺流の出というが不詳。摂関家領の長河荘（北葛城郡広陵町）の執行職・検断職をつとめた。箸尾城（広陵町）に拠り、応永年間には筒井氏と戦った。戦国時代、高春（為春）のときに筒井氏に従い、筒井氏の移封後は豊臣秀長に仕えた。関ヶ原合戦では西軍に属し、大坂の陣でも大坂方に属して滅亡した。

古市氏　大和国添上郡の国衆。古市党の一つ。出自は清原氏か。興福寺大乗院方衆徒で、室町時代後期に澄胤は古市城（奈良市）に拠って大和守護代もつとめている。その後は細川氏に従った。また澄胤は連歌に通じ、村田珠光から茶湯を学ぶなど文化人としても知られる。以後は次第に没落、永正17年（1520）公胤のときに筒井順興に敗れて落城した。

松永氏　大和の戦国大名。出自不詳。久秀（弾正）は京都西岡の商人の出といわれていたが、近年は摂津国上郡東五百住（大阪府高槻市東五百住）の土豪の出とみられている。久秀（弾正）は、天文年間に三好長慶の右筆となると、やがてその家宰となって活躍。弘治2年（1556）摂津滝山城（神戸市）に拠る。永禄2年（1559）北大和を制して翌年には信貴山城を築城。長慶の没後は三好三人衆とともに将軍足利義輝を殺し、事実上畿内の実権を握った。その後三好三人衆と対立、同10年には東大寺大仏殿を焼いている。翌年入京した織田信長に従って、大和一国を安堵された。天正4年（1576）信長に叛き、翌年子久通とともに自刃して滅亡した。

柳生氏　大和国添上郡小楊生郷（奈良市）の国衆。菅原姓。『寛政重修諸家譜』によると、藤原頼通が神戸四箇郷（大楊生荘・坂東荘・小楊生荘・邑地荘）を春日大社に寄進、このうち小楊生荘の荘官をつとめた大膳永家が祖という。元弘元年（1331）笠置山城に拠った後醍醐天皇を助けた菅原永珍の子家重が柳生氏を称したという。戦国時代、宗厳（石舟斎）は三好長慶、松永久秀に従う一方、上泉秀綱に師事して神陰流の剣術を学び、新たに柳生新陰流を創始した。天正13年（1585）所領を没収されて一旦滅亡。文禄3年（1594）宗厳が徳川家康に招かれ、五男宗矩を将軍家の剣術指南役として推挙したことで再興。江戸時代は大和柳生藩主となる。

◎中世の名族

筒井氏（つつい）

大和の戦国大名。同国添下郡筒井郷（大和郡山市）発祥。『寛政重修諸家譜』では藤原氏支流に収められている他、江戸時代の史料では藤原姓とするものが多いが、実際には大神氏とみられている。

興福寺一乗院門跡の坊人の出。1429（永享元）年には筒井順覚が6代将軍となった足利義教に謁しており、この順覚が国衆筒井氏の事実上の祖とみられる。34（同6）年越智氏と戦って敗れ、子順弘が継いだが、41（嘉吉元）年内訌が起こり、幕府の支援を受けた順永が惣領の座に就いた。順永は応仁の乱で東軍として活躍したものの、76（文明8）年に死去後、西軍の巻き返しで筒井氏は没落した。

1546（天文15）年順昭が貝吹城の越智氏を降して再興。跡を継いだ順慶は松永久秀と争い、74（天正2）年織田信長に従って、77（同5）年松永久秀の自刃で大和一国を再統一した。信長が本能寺で討たれた際には、去就に迷ったが、秀吉方に参陣して大和一国を安堵された。85（同13）年養子定次は伊賀9万5000石に転じ、関ヶ原合戦でも東軍に付いたが、1608（慶長13）年改易となった。さらに、大坂冬の陣で豊臣方に内通したとして、子順定と共に自刃。その際に従弟の定慶が大和郡山1万石を与えられたものの、大坂夏の陣で戦死し嫡流断絶した。

◎近世以降の名家

今西家（いまにし）

高市郡今井町（橿原市今井町）の旧家。戦国武将十市氏の一族で、永禄年間に川井（河合）正冬が今井に移り住んだのが祖。1621（元和7）年郡山藩主より、今井町の西口に位置することから今西家と名乗ることを勧

I 歴史の文化編

められ、以後代々惣年寄として今井町の自治に当たった。50（慶安3）年に建てられた城郭を思わせる同家住宅は国指定重要文化財である。

植村家
うえむら

高取藩主。清和源氏土岐氏の庶流というが不詳。家次は徳川信康に仕えていたため、信康の切腹とともに浪人。家次は各地を流浪後、榊原康政の推挙によって上野国甘楽郡500石で帰参を許された。その子家政は3代将軍家光に登用され、1641（寛永18）年大和高取藩2万5000石を立藩した。1884（明治17）年家壺の時子爵となる。

織田家
お　だ

芝村藩（桜井市）藩主。織田信長の弟長益（有楽斎）の末裔。長益の四男長政は、1615（元和元）年大和国と摂津国で1万石を分知されて諸侯に列し、大和国式上郡戒重（桜井市）に陣屋を置いて戒重藩を立藩した。1704（宝永元）年長清の時芝村に陣屋を移して芝村藩となった。1884（明治17）年長純の時に子爵となる。

織田家
お　だ

柳本藩（天理市）藩主。織田長益の五男尚長が1615（元和元）年大和国式上・山辺両郡で1万石を分知されて諸侯に列したのが祖で、寛永年間に式上郡柳本に陣屋を置いて柳本藩となった。1884（明治17）年信及の時子爵となる。

片桐家
かたぎり

小泉藩（大和郡山市）藩主。清和源氏で信濃国伊那郡の出と伝える。且元は豊臣秀吉に仕え、賤ヶ岳合戦で功をあげて3000石を領した。以後累進して1595（文禄4）年には1万石となる。関ヶ原合戦後、大和国平群郡で1万8000石を与えられて竜田藩（斑鳩町）を立藩した。

　且元の弟貞隆も徳川家康に仕え、1601（慶長6）年に1万石を領し、23（元和9）年小泉に陣屋を置いて小泉藩1万石を立藩した。後1万6000石に加増。子貞昌は石州流茶道を開いた。1884（明治17）年貞健の時に子爵となる。

永井家
なが　い

櫛羅藩（御所市）藩主。桓武平氏で長田忠致の弟親政の末裔という。直勝の時に、長田は源義朝を謀殺した家号であるとして、家康の命で永井氏と改称した。
くじら

　直勝は1590（天正18）年の関東入国の際に5000石を与えられ、1616（元

和2）年上野小幡（群馬県甘楽郡甘楽町）で1万7000石を領して諸侯に列した。翌年常陸笠間3万石に加転、22（同8）年には下総古河7万2000石に転じた。以後、各地を転々として、69（寛文9）年丹波宮津（京都府宮津市）に入封したが、80（延宝8）年芝増上寺で行われた4代将軍家綱の法会の奉行をつとめていた尚長が鳥羽藩主内藤忠勝に殺されていったん除封となった。

　翌年弟直円が大和新庄（葛城市）1万石で再興。1863（文久3）年直幹の時陣屋を葛上郡倶戸羅村に移し櫛羅藩となった。84（明治17）年直哉の時に子爵となる。

中東家
なかひがし

春日大社神主。大中臣姓。992（正暦3）年大中臣為基が初めて春日大社神主となったのが祖。神主職は大中臣姓の中東・奥・奥田・正真院・西・向井・中・中西の八家からなり、中東家はその嫡流である。1399（応永6）年には時徳が従三位に昇り、江戸中期の時康・時資・時貞は正三位となっている。

平野家
ひらの

田原本藩主。桓武平氏で、宗長の時に平野（津島市）に住んで平野氏を称したという。1579（天正7）年長治の時豊臣秀吉に仕え、子長泰は賤ヶ岳合戦では七本槍の一人に数えられた。95（文禄4）年大和国十市郡で5000石を領した。関ヶ原合戦では東軍に属して本領を安堵され、1648（慶安元）年に田原本に陣屋を置いて交代寄合となった。1868（慶応4）年長裕は5000石を加増されて1万石となり、諸侯に列して田原本藩を立藩した。84（明治17）年長祥の時に男爵となる。

松井家
まつい

奈良町で古梅園と号した製墨業の老舗。楠木正成の末裔と伝える。祖松井道珍は大和国十市から奈良に移り1577（天正5）年に製墨業を創業した。3代道寿は江戸に支店を出して幕府の御用をつとめ、また自宅庭に梅の古木があったことから、古梅園を屋号とした。5代元規は京にも支店を出している。維新後、10代元長は宮内省御用達となり、12代貞太郎は貴族院議員や奈良市長をつとめた。現在は16代目である。

森野家
もりの

森野吉野葛本舗創業家。元は森岡と称していたが、元和年間

I　歴史の文化編　　47

（1615～1624）吉野郡下市村から宇陀郡松山町（宇陀市）に移り住んで森野氏を称し、農業の傍ら葛粉の製造に従事した。1729（享保14）年藤助が神末村（御杖村）でカタクリを発見し、以後カタクリ粉製造を業とした。その後、幕府から薬草木の種苗を下付されて薬園を開き、35（同20）年にはカタクリ粉の専売権を得、名字帯刀も許された。同家のカタクリは「吉野葛」として知られる。同家の旧薬園は国指定史跡である。

柳生家
やぎゅう

柳生藩主。菅原姓。元は大和国添上郡小楊生郷（奈良市）の武士で、戦国時代、宗厳（石舟斎）が上泉秀綱に師事して柳生新陰流を創始。1594（文禄3）年には徳川家康に招かれ、五男宗矩を将軍家の剣術指南役として推挙した。宗矩は家光の側近として仕え、1632（寛永9）年大目付となり、36（同13）年には諸侯に列して大和柳生藩1万石を立藩、後1万2500石となる。宗矩没後、その遺言によって所領は三厳8300石、宗冬4000石、義仙200石に分割されて旗本となる。その後、宗冬は56（明暦2）年4代将軍家綱の兵法師範、次いで61（寛文元）年には綱吉の兵法師範となり、68（同8）年1万石に加増されて諸侯に復帰した。1884（明治17）年に子爵となる。跡を継いだ女婿の俊久は貴族院議員をつとめている。

安村家
やすむら

大和川水系で貨物の輸送にあたった魚梁船を支配した旧家。桓武平氏で、平頼盛の末裔と伝える。代々立野氏を称していたが、南北朝時代に頼直が安村氏と改称して後村上天皇に仕えた。天正年間豊臣秀長に仕えて竜田神社守護となり、同神社に所属していた魚梁船を支配した。江戸時代には正式に権利を認められ、代々喜右衛門を称して魚梁船を支配、1892（明治25）年の鉄道の開通まで栄えた。

柳沢家
やなぎさわ

大和郡山藩主。甲斐国巨摩郡柳沢（山梨県北杜市）発祥。吉保は徳川綱吉に仕えて頭角を著わし、1688（元禄元）年には1万石を与えられ、側用人となった。その後老中となって1704（宝永元）年には甲斐府中15万石に加転、没後24（享保9）年に大和郡山15万1200石に移る。1884（明治17）年保申の時に伯爵となる。保恵は宮内省留学生としてヨーロッパに留学して統計学者となり、東京市議会議長、第一生命保険社長などもつとめた。現当主の保徳は物理学者で、奈良教育大学学長をつとめた。

博物館

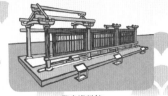

飛鳥資料館
〈山田寺東回廊の再現展示〉

地域の特色

　奈良県は、紀伊半島の内陸部に位置する。県人口は約131万人で、12市15町12村の計39市町村がある（2021（令和3）年8月1日現在）。県北西部に位置する奈良盆地には県人口の9割以上が住み、大阪や京都に近いためベッドタウンともなっている。南部の吉野地域は県の3分の2近い面積の山地で、険しい地形で深い渓谷が見られると同時に、大台ヶ原などの貴重な動植物が見られる自然林が豊富に残されており、また役行者ゆかりの山岳信仰の聖地としても知られている。県域には旧石器時代から人々が暮らし、弥生時代の大規模集落遺跡も見つかっている。古墳時代から奈良時代にかけては飛鳥、藤原京、平城京が日本の政治、経済、文化の中心地として栄えた。それらのあった明日香村や奈良市のある奈良盆地周辺には数多くの遺跡や古墳が残り、神社仏閣も多い。県内の国宝と重要文化財の件数は計1,327件で全国3位、史跡名勝天然記念物の件数は146件で全国1位、世界遺産も3件が登録されている歴史文化遺産の宝庫である。博物館は歴史文化遺産の集中する奈良盆地一帯に特に多く、仏教美術や歴史を扱う博物館や、東大寺ミュージアムなど寺社の収蔵物を扱う施設が多い。

主な博物館

奈良国立博物館　奈良市登大路町

　奈良公園内にある、仏教美術や奈良に関する文化財を中心に扱う博物館。1889（明治22）年に帝国奈良博物館として設置が決定され95（明治28）年に開館、1952（昭和27）年に奈良国立博物館となった。国宝13点、重要文化財114点を含む1,911点の収蔵品があり、加えて寺社などから寄託された数多くの資料を管理して、調査研究、保存や展示を行っている。仏教美術に関する図書資料と写真資料の公開などを行う仏教美術資料研究センター、

Ⅰ　歴史の文化編　　49

文化財の修理を受け入れる文化財保存修理所も備えている。常設展示として、なら仏像館における仏像展示をはじめとする仏教に関する美術工芸品や、考古資料を展示する。特別展なども多く、なかでも毎年秋季に東大寺正倉院の収蔵品を公開する正倉院展は70回以上の開催を数える。講座、子ども向けの展示やイベント、ボランティア活動なども実施している。

天理大学附属天理参考館　天理市守目堂町

　世界各地の生活文化資料、考古美術資料を収集、研究、展示する博物館。およそ30万点の資料を収蔵している。天理教二代真柱である中山正善氏が海外の風俗・習慣を学ぶための資料を収集し、1930（昭和5）年に天理大学の前身である天理外国語学校の中に海外事情参考室を設けたのが始まりである。常設展示は「世界の生活文化」と「世界の考古美術」に分かれている。約3千点の資料で、世界各地の民俗文化、日本の庶民の生活文化や交通、日本と世界の考古資料を展示している。年間複数回の特別展や企画展、スポット展示も開催している。イベントとして、収蔵資料を紹介する講座やワークショップ、エントランスホールで行うコンサートなどさまざまな行事を開催する。東京にも「天理ギャラリー」がある。

平城宮跡資料館　奈良市佐紀町

　平城京の中心である平城宮があった地は特別史跡平城宮跡となっており、歴史公園として朱雀門などの復原施設の他、平城宮いざない館などが整備されている。この北西の角に位置するのが平城宮跡資料館で、運営する奈良文化財研究所による調査研究成果を用いて、平城宮について分かりやすく展示している。同じ公園内には発掘調査で見つかった遺構をそのままの状態で保存展示している遺構展示館もある。常設展示では発掘調査の過程や出土品の展示の他、平城宮で働く役人の様子の再現や、天皇や貴族が暮らした宮殿の部屋を再現した展示が見どころ。年数回の企画展では、平城宮跡にゆかりのあるテーマや、最新の調査成果の紹介、夏には子ども向けに発掘資料や考古学に親しめるテーマの企画展を開催している。

飛鳥資料館　高市郡明日香村奥山

　日本の政治文化の中心として栄えた飛鳥の歴史や文化を紹介する博物館。

奈良文化財研究所の調査研究成果を展示する施設として1975（昭和50）年に開館した。常設展示は飛鳥の歴史文化についての解説の他、高松塚古墳やキトラ古墳、飛鳥地域の遺跡、寺院からの発掘物などが多数紹介されており、飛鳥地域の古代史を概観できる。97（平成9）年にできた第二展示室は山田寺跡から発掘された実物の建築部材を使用して東回廊の再現展示が行われている。古墳内にある石室の解体作業や作業に使う機械の展示、図書室、映像コーナーもある。季節ごとに開催される特別展、企画展では最新の発掘成果や飛鳥地域にスポットを当てた展示がなされ、関連の講演会やイベントも盛んに開催している。

奈良県立民俗博物館（ならみんぱく）　大和郡山市矢田町

　郷土の風俗慣習や生活用具などを収集保存し、展示公開する博物館。常設展示では人々の暮らしや生業について紹介するほか、特別展やコーナー展などを数多く開催している。はたおり実演、ワークショップや昔の暮らし体験なども実施。博物館のある大和民俗公園内には県内各地から移築復原された重要文化財を含む民家15棟を保存展示しており、内部の見学の他、民家を活用したイベントも数多く行われている。

奈良県立橿原考古学研究所附属博物館　橿原市畝傍町

　県内埋蔵文化財の調査研究を行う研究所の附属博物館で、当初は大和国史館として1940（昭和15）年に設立された。常設展では旧石器時代から室町時代までの出土資料約3,700点を定期的に入れ替えながら、分かりやすく展示する。藤ノ木古墳出土の馬具（国宝）や黒塚古墳の鏡も見どころで、特別展や発掘調査成果の速報展「大和を掘る」なども開催する。博物館友の会の友史会は55（昭和30）年発足で、講演会や遺跡巡りなどを行っている。

橿原市昆虫館　橿原市南山町

　昆虫を主として扱う博物館。生きた昆虫の展示が見どころで、生態展示室では水生昆虫をはじめさまざまな昆虫を飼育展示し、放蝶温室では亜熱帯植物の生い茂る空間に近隣や南西諸島産の蝶が一年中放飼され、蝶の生態をじかに観察できる。新館にはゴキブリや身近な水生生物も展示。昆虫標本、昆虫の体や暮らしを紹介する体験型展示もある。特別展、自然観察

Ⅰ　歴史の文化編　51

会や講習会、友の会活動も活発に行われている。

水平社博物館　御所市柏原

　全国水平社発祥の地に1998（平成10）年に開館した博物館。部落差別解放運動の歴史を守り、受け継ぎ、後の世代にその理念を受け継いでゆく、人権情報発信基地の役割を担うべく活動している。展示は数多くの資料などを用い、水平社運動の歴史について詳しく解説がなされている。全国水平社創立大会の映像展示や、体験コーナーも併設されている。人権をテーマにした企画展も定期的に行われ、関連する講座も実施している。

春日大社萬葉植物園　奈良市春日野町

　春日大社の神苑（庭園）でもある、1932（昭和7）年に開園した日本最初の万葉植物園。日本最古の歌集である万葉集に詠まれ、現在万葉植物とされている植物約300種を植栽している。園内には椿園や雅楽が奉納される浮舞台、歌碑などがある。春日大社のシンボルである藤は20品種、約200本が植えられており、県内有数の藤の名所として知られている。

奈良県立万葉文化館　高市郡明日香村飛鳥

　万葉集を中心とした古代文化に関する拠点として開館した博物館。敷地内には飛鳥池工房遺跡があり、遺構の復原展示もある。常設展示では古代の市を再現した空間でさまざまな歌に出会うことができるほか、万葉びとの生活や星空なども紹介する。日本画展示室では万葉集の歌をモチーフにした万葉日本画を展示。特別展や講座、多様な体験イベントがある「にぎわいフェスタ万葉」なども開催している。

森と水の源流館　吉野郡川上村宮の平

　吉野川、紀の川の源流にあたる川上村で、源流を通して自然と人々の関わりについて考える「源流学」と名付けた取り組みを行うミュージアム。常設展示ではパノラマ映像の源流の森シアターを中心に、吉野川の生き物や村の暮らしなどを紹介。水源地の森ツアーや自然観察会、森づくりボランティアなどの教育活動、源流の森をはじめとした調査研究活動を行っている。

52

唐古・鍵考古学ミュージアム　磯城郡田原本町阪手

　唐古・鍵遺跡は弥生時代の大規模な環濠集落の遺跡で国史跡に指定され、現在は唐古・鍵遺跡史跡公園として整備されている。2004（平成16）年に開館したミュージアムは遺跡からの出土資料を中心にした博物館で、常設展示では重要文化財に指定された373点の資料を軸に、唐古・鍵遺跡と弥生時代の生活文化、および周辺遺跡とその後の時代までを紹介している。

葛城市歴史博物館　葛城市忍海

　葛城地域の歴史、伝統、文化を扱う博物館。新庄町歴史民俗資料館を前身とし、當麻町との合併後現在の名称となった。常設展示では葛城市を中心とした葛城地域の古代から中世までの歴史資料および民俗資料を展示している。特別展や企画展の開催、学校の学習利用への対応、公開講座「葛城学へのいざない」なども行っている。

市立五條文化博物館　五條市北山町

　五條市とその周辺地域の歴史を総合的に展示・研究する博物館。本館は安藤忠雄の設計による円筒形の半地下式建築で、その形から「ごじょうばうむ」の愛称がある。市民活動に利用できる別館もある。常設展示室は3階から1階への吹き抜けの空間となっており、先史時代から近代までを豊富な資料と映像展示などでたどりながら紹介する。五條の歴史や文化に関する企画展、特別展を季節ごとに開催している。

十津川村歴史民俗資料館　十津川村小原

　十津川村の歴史と文化を紹介する資料館。展示室1階では十津川村の昔の暮らしや道具の他、1889（明治22）年の大水害、世界遺産紀伊山地の霊場と参詣道を紹介する。2階では南朝ゆかりの資料、幕末から明治維新にかけて活躍した十津川郷士で坂本龍馬と親交のあった中井庄五郎の佩刀、明治の廃仏毀釈時に守られた仏像などを展示している。

Ⅰ　歴史の文化編　　53

名　字

〈難読名字クイズ〉
①字廻／②新子／③東奥／④率川／⑤虎杖／⑥樹杉／⑦愛水／⑧抓揉／⑨袋楽／⑩楯列／⑪天前／⑫迚野／⑬熨斗／⑭斗谷／⑮水挱

◆地域の特徴

奈良県では山本、田中、吉田の3つの名字が多く、4位以下とはやや開きがある。とはいっても、最多の山本でも県の人口に占める比率は1.3%程度で名字の分散が激しいのが特徴。全般的に関西の平均的な名字構成に近い。というのも、生駒市など大阪のベッドタウン化しているところも多く、奈良県本来の名字分布はかなり薄まってきているといえる。

40位までの名字では、25位の辻本が奈良県らしいといえるが、辻本は奈良県中部から和歌山県北部にかけて集中している名字で、奈良県独特とはいいがたい。

実は、10位森本、17位吉村、33位奥田、34位植田は、いずれも人口比でみると奈良県が全国一なのだが、これらは西日本一帯に多く、あまり奈良独特という感じはしない。

41位以下では、米田の2つが68位に「よねだ」と71位に「こめだ」と入っているのが独特。これは、読み方が北部で「よねだ」と中南部で「こめだ」

名字ランキング（上位40位）

1	山本	11	山口	21	大西	31	藤井
2	田中	12	中川	22	前田	32	森
3	吉田	13	木村	23	橋本	33	奥田
4	中村	14	吉川	24	池田	34	植田
5	松本	15	岡田	25	辻本	35	藤田
6	井上	16	西川	26	小林	36	和田
7	上田	17	吉村	27	林	37	山下
8	岡本	18	中西	28	杉本	38	藤本
9	山田	19	森田	29	西村	39	西田
10	森本	20	松田	30	高橋	40	鈴木

と分かれるため。「よねだ」は全国に広く分布しているが、「こめだ」と読む米田は奈良県独特の名字である。

さらにその下をみると、東も83位に「ひがし」、120位に「あずま」と2つ入っている。一般的には関西以東では「あずま」が多く、中国以西では「ひがし」が多くなっており、両方ともに多い県は珍しい。96位の辰己も奈良県ならではの名字である。

101位以下にも奈良県独特のものは少なく、巽、辰巳、阪口、福西などが特徴である。

● **地域による違い**

奈良市を中心とした北和地区では、全県と同じく田中、山本、吉田が多く、次いで中村や松本が多いという典型的な関西型のパターン。独特の名字は少なく、三宅町の志野くらい。

生駒地区も大阪市に近いことから田中、山本、吉田、中村が多い。ただし、安堵町はやや独特で、最多が西川で次いで胡内である。

葛城地区でも田中・山本は多いが、旧當麻町で西川、旧新庄町で吉川が最多となっていたほか、吉田や吉村も多いなど、少し違っている。香芝市の高垣、広陵町の出井、旧當麻町の熨斗などが独特。

中和地区になると、名字の分布はかなり変わってくる。合併前の市町村でみると、宇陀市の旧大宇陀町で佐々岡、旧菟田野町で南浦が最多となっていたほか、旧大宇陀町の泉岡、旧菟田野町の向本、旧曽爾村の丸瀬、御杖村の青海など独特の名字も多い。

そして、県南部の広い範囲を占める吉野地区では名字の分布は大きく違う。五条市や大淀町、吉野町といった吉野北部では山本と森本が多いが、吉野南部では地区によってばらばら。全体的には方位由来の名字が多く、十津川村では、1位玉置、2位千葉のあと、3位東、4位西、5位中と方位由来の名字が並んでいる。

● **方位に由来する名字**

奈良県の名字の特徴は、方位に由来する名字が多いことだ。東・西・南・北といった方位をずばり指す名字は紀伊半島一帯だけでなく、北陸や九州南部にも多いが、奈良県南部では全国的にみても有数の集中地域となっている。

このうち、東は読み方が割れている。県の北部では大阪などと同じく「あ

I　歴史の文化編　　55

ずま」が多いが、県南部では圧倒的に「ひがし」。全県トータルすると、55％が「ひがし」で、45％が「あずま」となる。

奈良県では十二支で表した方角に由来するものも多い。北を「子」として、右周りに十二支をあてはめたもので、東は「卯」、南は「午」、西は「酉」となる。北西は戌の方角と亥の方角の中間にあたるため「いぬい」といい、乾という漢字をあてた。乾は県南部の十津川村でベスト10に入るのをはじめ全域に広く分布し、県内順位は64位。奈良県以外では、三重県や大阪府、高知県などにも多い。

南東を意味する「たつみ」も多いが、こちらは漢字表記が分かれている。「たつみ」とは、辰の方角（東南東）と巳の方角（南南東）の真ん中の南東を指すため、本来は辰巳と書くはずだが、なぜか漢字の一部が変化した辰己が一番多くて98位。以下、104位巽、119位辰巳の順。地域的には、辰己は県中部の橿原市から五條市にかけて、巽は北部の奈良市から葛城市にかけて多く、辰巳は全県に広がっている。

● 長谷川の由来

長谷川という名字は地名由来で、ルーツは桜井市初瀬町である。ここはかつて泊瀬と書いて「はつせ」と呼ばれていた。「泊」とは舟を泊めるところを意味している。古代に茅渟海と呼ばれた大阪湾から舟で大和川をさかのぼり、さらにその支流の初瀬川の上流にあるのが、船着き場の泊瀬であった。

この初瀬川は、東西に細長い谷に沿って流れている。そのため「長谷」と書いて「はつせ」と読むようになり、やがて「はつせ」の「つ」が落ちて、「はせ」と変化した。そして、川の名前も初瀬川とも長谷川とも書かれたりするようになった。

5世紀末頃、当時のヤマト王権としてはかなり奥地にあたるこの長谷の地域に住んでいたのが、第21代雄略天皇である。雄略天皇は、兄にあたる先代の安康天皇が眉輪王に暗殺されると、眉輪王だけではなく残りの二人の兄も殺して天皇位に就いている。『古事記』や『日本書紀』でも、かなり乱暴な王として描かれており、天皇に即位後も政敵が多かったとみられる。そのため、あえて僻地である初瀬の地に居を構えていたらしい。

その後、雄略天皇は渡来人を用いて力をたくわえ、伊勢や吉備の豪族を討って大きな権力を握ったとされる。そして全国各地に多くの所領を持ち、

それらを管理するために股肱の臣を各地に派遣した。彼らは雄略天皇の本拠地の地名をとって長谷川を名字とするようになり、その所領の拡大とともに長谷川という名字も全国に広がっていったとみられる。

◆奈良県ならではの名字
◎米田

奈良県は人口比でみると日本一米田率の高い県だが、奈良県の特徴はその読み方にある。近畿地方でも奈良県以外の5府県では97％以上が「よねだ」と読むのに対し、奈良県では「よねだ」と「こめだ」に読み方が分かれる。分布をみると、御所市では圧倒的に「こめだ」で、橿原市でも「こめだ」が主流なのに対し、奈良市や大和郡山市ではほとんどが「よねだ」。全県合わせると「よねだ」の方が若干多い。「こめだ」と読む米田は奈良中南部独特の名字で、他県の「こめだ」も奈良出身のことが多い。熊本藩家老の米田家も遠祖は奈良の出だという。

◎五鬼助・五鬼上

下北山村の宿坊には、役行者に仕えた後鬼・前鬼夫妻の子孫という、五鬼助・五鬼上・五鬼継の3家があった。現在、五鬼継は和歌山県にある。

◆奈良県にルーツのある名字
◎安倍・安部・阿倍・阿部

様々な漢字を書く「あべ」氏のルーツは、大和の古代豪族・阿倍氏であるといわれている。阿倍氏は第8代孝元天皇の皇子・大彦命の末裔で、大和朝廷では北陸・東国経営に大きく関わったため、「あべ」一族は現在でも東日本に多く分布している。孝元天皇は欠史八代といわれる実在しないとみられている8人の天皇の一人。ただし、大彦命については埼玉県の稲荷山古墳から出土した鉄剣にその名が刻まれたことから、実在するとの説もある。

この古代豪族阿倍氏のルーツの地が今の桜井市にあり、地名も「阿部」「安倍」の双方が使用されている。ここにはかつて安倍氏の氏寺だった安倍寺跡があり、現在は少し離れた場所に移って安倍文殊院となっている。

◎春日

古代、「神の住む場所」を「かすが」といい、各地に「かすが」があったが、大和の春日が有名だったため、「春日」を「かすが」と読むようになったという。この地は現在の春日大社の場所で、春日一族は神官を務めるものが

多い。

◎ 葛城（かつらぎ）

大和国葛城地方を本拠とした古代豪族の姓。葛城国造家と、武内宿禰（たけのうちのすくね）の子襲津彦の子孫という2家があったという。襲津彦の子孫は4世紀末に磐之媛が仁徳天皇の皇后となり、以来5世紀にかけて天皇家の外戚として栄えた。

◎ 久米（くめ）

大伴氏の配下で軍事的な役割を果たしていた久米部に由来する。大和国高市郡久米（橿原市）に因む久米氏が最も著名だが各地にある。『日本書紀』の天孫降臨では、大伴氏の遠祖にあたる天忍日命（あめのおしひのみこと）が、大来目命（おおくめのみこと）（天久米命）を率いて瓊瓊杵尊（ににぎのみこと）を先導して天降ったとあり、大伴氏のもとで軍事的な役割を果たしていたことがわかる。

◎ 菅原（すがわら）

大和国添下郡菅原（奈良市菅原町）に因む。天応元（781）年土師古人が菅原宿禰の名字を賜ったのが祖。弘仁10（819）年清公が文章博士となり、以後代々学者を輩出した。寛平3（891）年道真は宇多天皇に重用されて蔵人頭となると遣唐使の廃止を進言。のち右大臣となったが、直後に藤原時平の讒言（ざんげん）に遭って大宰権帥に左遷された。子孫は代々紀伝道で朝廷に仕え、高辻氏や唐橋氏となった。

◎ 筒井（つつい）

関東から九州北部にかけて広く分布している筒井という名字は、奈良県をルーツとしている、という家が多い。戦国時代に最も大きな勢力を持っていた筒井氏の一族の末裔と称するもので、ルーツは大和国添下郡筒井郷（大和郡山市）。その祖は諸説あってはっきりしないが、大和の古代豪族である大神氏の末裔ではないかといわれている。

◎ 当麻（とうま）

ルーツは大和国葛城郡当麻（葛城市）で、本来は「たいま」と読んだが、現在では「とうま」と読んで大和高田市に集中している。橿原市にも多い。また、関東南部にもあり、東京都東村山市や、埼玉県所沢市に集中している。なお、青森県鶴田町に集中している「当麻」は「たいま」と読む。

◎ 柳生（やぎゅう）

添上郡小楊生郷（奈良市）がルーツで菅原姓。後醍醐天皇に仕えた永珍

が楊生郷を与えられて柳生氏を称したというのが祖という。戦国時代に宗厳（石舟斎）が上泉秀綱に神陰流の剣術を学んで新陰流を創始。その後、筒井順慶に属した。天正13（1585）年所領を没収されたが、文禄3（1594）年徳川家の剣術指南役となった。その五男宗矩は二代将軍秀忠、三代将軍家光の剣術師範となり、とくに家光には側近として仕えた。寛永13（1636）年大和柳生藩1万石の藩主となる。

◆珍しい名字

◎東川
（とがわ）

奈良県の東川は、「ひがしかわ」ではなく「とがわ」と読むのが主流だが、「うのかわ」と読む名字もある。吉野郡川上村にある東川（うのかわ）という地名がルーツ。東が「卯」の方角にあたるからとされる。

◎王隠堂
（おういんどう）

五條市の旧西吉野村には王隠堂という名字がある。読み方は文字通り「おういんどう」だが、その由来は、先祖が吉野に逃れてきた後醍醐天皇を堂に匿ったことだという。つまり、「王」とは後醍醐天皇のことで、堂に隠したという事実をそのまま名字にしているのだ。

◎万歳
（まんざい）

大和国葛下郡万歳郷（大和高田市他）がルーツ。平田荘の荘官を務め、万歳城に拠った。現在でも奈良県から大阪府にかけて多い。また、この付近で行われていた千秋万歳に由来するものもあるか。

〈難読名字クイズ解答〉
①あざまわり／②あたらし／③あちおく／④いさかわ／⑤いたどり／⑥うえすぎ／⑦えみ／⑧そうじゅう／⑨たいらく／⑩たてなみ／⑪てんで／⑫とての／⑬のし／⑭はかりや／⑮もんどり

Ⅰ　歴史の文化編　　59

II

食の文化編

米 / 雑穀

地域の歴史的特徴

　紀元前250年頃には稲作を基盤とする農耕社会の成立していたことが田原本町唐古遺跡の発掘調査などで明らかになっている。

　都は、飛鳥時代の694（朱鳥8）年には藤原京（現在の橿原市と明日香村にまたがる地域）に移り、奈良時代の710（和銅3）年には平城京（現在の奈良市と大和郡山市にまたがる地域）に移転した。

　奈良県は海に面していない。このため、江戸時代には、熊野灘の漁村から陸路で、和歌山県からは紀ノ川、吉野川を通って海産物が運ばれた。

　1871（明治4）年には大和一国を所管する奈良県が設置された。県名の意味としては、①ならされた土地で平地、平野、②朝鮮後のクニナラで国の都、の2説がある。両説とも奈良は当て字である。1876（明治9）年には奈良県が堺県に合併された。1887（明治20）年には奈良県が再設置された。

コメの概況

　山地の多い奈良県の総土地面積に占める耕地率は5.5％で、全国で6番目に低い。その耕地の71.0％が水田である。品目別にみた農業産出額はコメがカキを上回り1位である。

　水稲の作付面積、収穫量の全国順位はともに41位である。収穫量の比較的多い市町村は、①奈良市、②天理市、③宇陀市、④大和郡山市、⑤田原本町、⑥御所市、⑦橿原市、⑧五條市、⑨葛城市、⑩桜井市の順である。県内におけるシェアは、奈良市15.5％、天理市9.6％、宇陀市7.7％、大和郡山市7.1％などで、県都の奈良市が2桁の他は県内各地に広がっている。ただ、農林統計によると、上北山村と川上村については作付面積、収穫量とも記録がない。

　奈良県における水稲の作付比率は、うるち米98.8％、もち米1.0％、醸

造用米0.3％である。作付面積の全国シェアをみると、うるち米は0.6％で全国順位が41位、もち米は0.1％で神奈川県と並んで44位、醸造用米は0.1％で群馬県、埼玉県、千葉県、宮崎県と並んで36位である。

知っておきたいコメの品種

うるち米

（必須銘柄）あきたこまち、キヌヒカリ、コシヒカリ、ひとめぼれ、ヒノヒカリ

（選択銘柄）なし

　うるち米の作付面積を品種別にみると、「ヒノヒカリ」が最も多く全体の70.7％を占め、「ひとめぼれ」（9.8％）、「コシヒカリ」（8.0％）がこれに続いている。これら3品種が全体の88.5％を占めている。

- **ヒノヒカリ**　標高400m程度までの地帯での栽培を奈良県は奨励している。2015（平成27）年産の1等米比率は95.0％とかなり高く、生産県の中で岐阜県に次いで2位だった。県内産ヒノヒカリの食味ランキングは特Aだった年もあるが、2016（平成28）年産はAだった。
- **ひとめぼれ**　1998（平成10）年度から奈良県で栽培しており、1999（平成11）年に奈良県の奨励品種になった。大和高原、宇陀・吉野山間の標高300〜500mの山間部での栽培を奈良県は奨励している。
- **コシヒカリ**　1989（平成元）年度から奈良県で栽培しており、2002（平成14）年に奈良県の奨励品種になった。大和高原、宇陀・吉野山間の標高300〜500mの山間部での栽培を奈良県は奨励している。

もち米

（必須銘柄）なし

（選択銘柄）なし

　もち米の作付面積の品種別比率は「旭糯」が最も多く全体の39.8％を占め、「ココノエモチ」（31.3％）がこれに続いている。この2品種が全体の71.1％を占めている。

- **旭糯**　愛知県が「愛知糯1号」と「京都旭」を交配し、育成した。奈良県の奨励品種である。奈良県では平坦部での栽培に適している。白葉枯

Ⅱ　食の文化編　63

病に弱い。

醸造用米

（必須銘柄）露葉風、山田錦
（選択銘柄）なし

醸造用米の作付面積の品種別比率は「山田錦」が最も多く全体の54.2％を占め、「露葉風（つゆはかぜ）」（41.7％）がこれに続いている。この2品種が全体の95.9％を占めている。

● **露葉風** 愛知県が「白露」と「早生双葉」を交配し1963（昭和38）年に育成した。酒造好適米としてはやや小粒である。奈良県の奨励品種である。

知っておきたい雑穀

❶小麦

小麦の作付面積の全国順位は32位、収穫量は30位である。産地は桜井市、田原本町、五條市などである。桜井市を中心に生産されている特産の手延べそうめん「三輪そうめん」の原料などに使われる。

❷ハトムギ

ハトムギの作付面積の全国順位は15位である。収穫量の全国順位は長野県、熊本県と並んで13位である。栽培品種はすべて「あきしずく」である。主産地は奈良市と天理市で、両市の作付面積は半々である。

❸アワ

アワの作付面積の全国順位は石川県と並んで10位である。収穫量は四捨五入すると1トンに満たず統計上はゼロで、全国順位は不明である。統計によると、奈良県でアワを栽培しているのは十津川村だけである。

❹ヒエ

ヒエの作付面積の全国順位は7位である。収穫量は四捨五入すると1トンに満たず統計上はゼロで、全国順位は不明である。統計によると、奈良県でヒエを栽培しているのは天川村だけである。

❺モロコシ

モロコシの作付面積の全国順位は5位である。収穫量は四捨五入すると1トンに満たず統計上はゼロで、全国順位は不明である。統計によると、

64

奈良県でモロコシを栽培しているのは十津川村だけである。

❻そば

　そばの作付面積の全国順位は41位、収穫量は福岡県と並んで40位である。桜井市が県内作付面積の77.8％、収穫量の87.5％を占めている。栽培品種は「信州大そば」「鹿児島在来種」「信濃1号」などである。

❼大豆

　大豆の作付面積の全国順位は39位、収穫量は38位である。産地は桜井市、宇陀市、天理市、奈良市などである。栽培品種は「サチユタカ」「あやみどり」などである。

❽小豆

　小豆の作付面積の全国順位は36位、収穫量の全国順位は愛知県、長崎県とともに31位である。主産地は宇陀市、天理市、奈良市、山添村などである。

コメ・雑穀関連施設

● **大和平野の吉野川分水**（奈良市を中心とした地域）　奈良県では、南部の降水量に比べ、北部の大和平野は少雨で干ばつに悩んでいた。人々は、普段は蓋をして土をかぶせておく「隠し井戸とハネツルベ」を設置し、干ばつに対応したこともある。吉野川からの分水は大和平野にとっては江戸時代からの悲願だったが、1987（昭和62）年に工事が完成し、同平野の7,000ha余の農地を潤すことになった。

● **斑鳩ため池**（斑鳩町）　雨の少ない大和平野の農業用水不足の解消を目的として、いくつかのため池を合わせて1944（昭和19）年につくられた。現在も185haの農地を潤している。池の中央にある中堤は、生物相が変化に富んでおり、野鳥なども多い。法隆寺など歴史的建造物と一体となって斑鳩の里の景観形成に一役買っている。

● **箸中大池**（桜井市）　邪馬台国の卑弥呼が埋葬されているとされる箸中古墳を取り囲むため池である。農業用水として周辺の農地を潤している。箸中古墳は全長282mの前方後円墳である。近くの纏向小学校の校庭からは、かんがい施設とみられる纏向遺跡大溝が発見されている。大溝は幅5m、深さ1.2mの水路で、その合流点は埋め戻して地中に保存されている。

Ⅱ　食の文化編　　65

- **藤森環濠**（大和高田市）　大和平野の中心部では、中世時代に大和武士たちが水利と集落の防衛のために堀を巡らし、竹を植えた環濠集落を築いた。同市藤森の環濠水路は、現存する市内の環濠のなかで最もその姿を残している。藤森環濠の延長は280m、かんがい用水としての受益面積は5.6haである。

コメ・雑穀の特色ある料理

- **奈良茶飯**　煮出した茶に、いり大豆・小豆・栗などを入れて塩味で炊いた茶飯である。奈良の東大寺や興福寺で炊いたことから奈良という名前が付いた。東大寺二月堂のお水取り練行衆の食事に出された。江戸時代には庶民の間に広まった。

- **柿の葉寿司**　一口大の酢飯にサバの切り身を合わせ、特産のカキの葉っぱで包んで押したすしである。江戸時代、奈良地方には紀ノ川をさかのぼって海産物が運ばれたが、その際、保存のきかない魚は塩でしめた。その塩サバの切り身をにぎり飯に添え、防腐効果の高いカキの葉で包んで川石を重石にして一晩置いたのが始まりである。

- **菜飯**　材料はコメのほかは、大和マナ、大和肉鶏などである。大和マナは、古事記にあるスズナという漬け菜で、奈良県の伝統野菜の一つである。ハウス栽培が始まる以前は冬に食べられる緑の野菜として貴重な存在だった。昔はその多くが農家の庭先で飼育されていた大和肉鶏も奈良県の地鶏である。

- **とう菜寿司**　奥吉野の山里では、桜の花が咲く頃、とう菜（高菜）を摘む。これをいつでも食べられるように家々で工夫してとう菜漬けにする。広げたとう菜でご飯を包み込み、握ったのがとう菜寿司である。目をむいて大口でかぶりつくため「めはり寿司」ともよばれる。

コメと伝統文化の例

- **鏡作神社の御田祭**（田原本町）　御田植舞、豊年舞の奉納、牛使いの神事が行われ、2人の人間が扮した牛が暴れるほど、その年は慈雨に恵まれ、豊作の前兆という。開催日は毎年2月21日に近い日曜。

- **今里の蛇巻き・鍵の蛇巻き**（田原本町）　今里は杵築神社、鍵は八坂神社が会場とする男子の行事である。今里では、麦わらを束ねて全長

18mの蛇をつくり、中学1年から高校1年までが蛇頭を抱え、地区内を練り歩き、神社南側の大樹に巻き付けられる。大樹の根元には絵馬や農具のミニチュアが祭られる。田植え時に雨が降るようにとの祈りを含んだ行事である。開催日は毎年6月の第1日曜。

- **廣瀬神社の砂かけ祭**（河合町）　天武天皇が白鳳時代の675年にこの地に水の神を祭り、五穀豊穣を祈って始めた雨乞い祭りのうち、御田植祭が残ったという。参拝者と田人、牛役が雨に見立てた砂をかけ合う庭上の儀が行われる。砂が舞うほど、田植えの時期に雨がよく降り、豊作の吉兆になるとされる。開催日は毎年2月11日。

- **法隆寺のお会式**（奈良市）　聖徳太子の命日の法要である。国宝の太子像をまつる聖霊院に高さ1.7mの2基の大山立などの供物が並べる。大山立は天上界の須弥山をかたどったもので、米粉でつくったウメやスイセン、干し柿と米粉のかき揚げなどを飾る。開催日は毎年3月22日。

こなもの

三輪素麵

地域の特色

　近畿地方の中部に位置する内陸県である。かつての大和国全域である。3世紀に成立したヤマト王権の時代は、和銅3（710）年に平城京が置かれ、延暦3（784）年の長岡京（現在の京都府向日市）に遷都されるまでの75年間、日本の政治の中心地として栄えた。とくに、東大寺、興福寺、春日大社の門前町として発達した。長岡京は784年から10年間の古い都で、延暦13（794）年に平安京（現在の京都市街）に遷都した。

　県の中央を流れる吉野川を境に、県域は北部の低地と南部の山岳地に分けられる。北部の大和川流域には奈良盆地が広がり、平城山丘陵と笠置・生駒・金剛などの山地に囲まれている。南部の山岳地は、紀伊山地の中央に当たり、県の面積の6割を占めている。そこから吉野川・北山川・十津川などが流れ出し、やがて吉野川と合流する。奈良盆地の気温は温暖だが気温差の大きい地域である。

食の歴史と文化

　県域の8割が林野で、林業の比重は大きい。農業の可能な耕作地は6％と少ないので、栽培されている農作物は、野菜や果実が多い。果実では柿（刀根早生・平核無・富有などの品種）の生産量は多い。産地の御所市でつくる御所柿は「吊るし柿」に加工される。梅（鶯宿・白加賀・南高）も栽培されている。奈良東方の丘陵地では茶が栽培され、古くから「大和茶」として知られている。林野が多いので、シイタケ・ナメコ・エリンギ・ブナシメジなどのキノコの栽培が盛んである。

　奈良県は、古い歴史をもつ土地であるから、伝統野菜や伝統食も多い。天理市周辺で、明治時代から栽培している「大和スイカ」は、広く知られている。漬菜の一種の「大和マナ」はお浸し、煮物、漬物に利用されている。

奈良の代表的郷土料理に「茶粥」「茶飯」がある。起源は、伝統ある奈良らしく東大寺に起源を発し、特産の大和茶で炊いた粥であり飯である。木綿の茶袋に煎じた粉茶を入れて煮出した液を使って作る。

　奈良の代表的こなものの「三輪素麺」は、奈良県三輪地方で作る手延べ素麺である。質のよい小麦、塩が入手しやすく、水車による石臼製粉が可能で、三輪山の湧き水を利用した素麺である。

　奈良では、保存食として押しずしや馴れずしを作る。柿の葉ずし、釣瓶ずし（弥助ずし、アユずし、吉野ずしともいう）がある。柿の葉ずしは酢に漬けたサバを、硬めに炊いたご飯の握りの上にのせ、柿の葉を巻いたもの。釣瓶ずしは塩で締めたアユをのせて布巾で巻いた押しずしである。

知っておきたい郷土料理

だんご・まんじゅう・せんべい類

①しんこ

　祝い事や仏事に作る米粉のだんご。うるち米の粉ともち米の粉を水で練って、瓦製の蒸し器の「こしき」で蒸す。蒸し上がったものは、浅い桶のような木の箱に移して、手のひらで搗き、だんごの硬さにする。できた生地は、軽く握れるほどの大きさにちぎり、鉄の「ねじり型」に入れて形をつけて、再び「こしき」で蒸す。砂糖をつけて食べる。行事があると、ちまき、しんこ、みたらしだんごを作る。

②小麦もち

　小麦のひき粉を水で練って、だんごに作り、クズの葉に包んで蒸し、冷めてから栗の葉とカヤを合わせて包む。虫よけのまじないとして田畑に供える小麦もちは小豆餡を入れないが、子どもや家族が食べるものは、小豆餡を包みこむ。

　7月の二番丑の日、すなわち「虫送りの日」に作り、田畑に供える。子どもたちはこのお供えをもらう。

　また、小麦ともち米を混ぜ合わせ、蒸し上げてから臼で搗いて餅状にし、砂糖を入れた豆粉をまぶしたもので、7月3日の半夏生の日に食べるものも小麦もちといわれている。

Ⅱ　食の文化編　　69

③御城之口餅

奈良県郡山市の名物のウグイス餅。安土桃山時代の天正13（1585）年に、国替えのために、豊臣秀長が大和郡山の城主となったときに、秀吉を招いて茶会を開いた。この時に、秀長は、菊屋治兵衛に命じて、菊屋の創業から作っていた小豆の粒餡を薄い餅で包んだ「鶯餅」に、黄な粉をまぶしてもてなしたと伝えられている。菊屋は、桃山時代の天正年間（1573～92）創業の老舗で、今でも郡山城の入り口にあることから、「御城之口餅」の名がある。

④奈良まんじゅう

南北朝時代に禅僧の林 浄因が中国から渡来したときに、お茶と一緒に食べる菓子として饅頭を考えたと伝えられる。後に、林浄因が塩瀬系の薬饅頭を考案し、奈良饅頭と呼ばれるようになった。林浄因が饅頭の神様として祀られる林神社があり、毎年4月19日には饅頭祭が行われる。この地方の小麦粉は饅頭に適した中力粉で、ふっくらとした饅頭ができる。奈良で復活した奈良まんじゅうには、「林」の印が押されてある。

⑤わらび餅

各地の山野に生育している常緑性のシダ植物の根茎から調製するワラビ粉はでん粉である。このワラビ粉を練って蒸すと独特の餅になり、黄な粉をまぶしたもの。奈良地方のワラビ餅は、特有の趣がある。

⑥ぶと饅頭

平安時代に中国から伝わった唐菓子の中に、米粉を練り成形した餅のようなものをごま油で揚げた菓子に環餅・捻頭・餲䬾があり、現在でも春日大社の神饌として供えられる菓子である。米粉を練って小豆餡を包んで、ごま油であげたものである。

⑦小種

麩焼き煎餅で、阿波の和三盆糖の蜜を塗って仕上げたもの。香ばしい煎餅で、焼き印は鹿、椿、梅、わらびなど季節の柄がある。奈良町元興寺近所の樫舎の銘菓。

お焼き・焼きおやつ・お好み焼き・たこ焼き類

①けんぺやき（けんぺ焼き）

　三輪山の麓の郷土料理。そうめんの切りくず、ふし（竿かけしたところ）を、水に入れて溶かした軟らかい小麦粉を、フライパンに流して焼いたもので、練り味噌をつけて、熱いうちに食べる。

麺類の特色

奈良の中でも大和朝廷の発祥の地といわれている三輪地方は、三輪山に囲まれ、古くからそうめんの里として知られている。奈良時代の宝亀年間（770〜81）に、三輪の神主によってそうめん作りが始められ、神棚に供えたという言い伝えもある。三輪素麺作りが盛んになったのは、16世紀末の安土桃山時代の頃といわれている。三輪の湧き水がよく、素麺作りに必要な植物油（ごま油、菜種油、綿実油）が手に入りやすかったといわれている。

めんの郷土料理

①山菜入りそうめん

　三輪素麺は独特の食感と茹で伸びしないので知られている。近くにある長岳寺では、江戸前期の寛永7（1630）年建立の重要文化財の庫裏で、山菜入りのそうめんが食べられる。

②そうめん

　奈良県磯城郡の農家では、夏は冷たい素麺、冬には温かいにゅうめんを食べていた。みそ汁に入れて食べることもある。

③そうめん汁

　手延べそうめんを作るときに、竿がけしたところの麺線は、ひもかわ状の平たい形状になり、フシとなっている。味噌汁の具にしたり、フシをから揚げし、黄な粉をまぶして食べる。さまざまに利用できる。

▶ 和歌山県に次ぐカキの産地

くだもの

地勢と気候

奈良県は紀伊半島の中央部に位置する内陸県である。北部に大和川と淀川、北部と南部にまたがって紀ノ川、南部に熊野川の4水系が流れている。紀ノ川上流の吉野川の北側に奈良盆地があり、盆地の周囲には生駒・金剛山地、竜門山地、宇陀山地、大和高原がある。南部は山岳地帯が広がり、県面積の3分の1を占めている。

気候は、吉野川を境にして異なる。北部の盆地は、雨が少なく、夏は蒸し暑く、冬は底冷えの厳しい内陸性気候、南部は夏は局地的な豪雨が起こり、冬は積雪の多い山岳性気候である。東部山地は、内陸性気候と山岳性気候の特徴を併せもっている。

知っておきたい果物

カキ 「御所ガキ」の原産地は御所市である。「御所柿と渋柿は皮むかいでも知れる」ということわざがある。奈良県におけるカキの栽培面積、収穫量の全国順位は、ともに和歌山県に次いで2位である。栽培品種は「富有」「刀根早生」「平核無」などである。

主産地は五條市で、下市町、天理市などが続いている。特に五條市の旧西吉野村は「富有」の産地である。五條では12月になると、皮をむいた渋ガキを縄で連ね軒に干す「つるし柿」が農家のあちこちでみられる。師走の風物詩である。「つるし柿」の出荷は12月である。

出荷時期はハウスものが8月中旬～下旬、「刀根早生」が7月中旬～10月下旬、「富有」が10月中旬～1月下旬、「平核無」が10月下旬～11月上旬である。

「刀根早生」は天理市萱生町の刀根淑民氏の平核無園から枝変わりとして発見されたことで、その名が付いた。1980（平成55）年に品種登録された。原木の地に「刀根早生柿発祥の地」の碑が立っている。刀根早生は

種がなく、果肉がやわらかい。

天理市のカキの産地は、東部山麓地域の「山の辺の道」沿いに広がっている。

ウメ

ウメの栽培面積の全国順位は10位、収穫量は3位である。主産地は五條市で、下市町、奈良市などが続いている。

五條市の賀名生梅林、奈良市の月ヶ瀬梅林、下市町の広橋梅林は奈良県の3大梅林である。ウメの本数は賀名生梅林が2万本で最も多い。五條市の旧西吉野村は青梅の主産地である。下市町では、広橋地区で「南高梅」を中心に栽培が盛んだ。梅干しも出荷している。

サンショウ

サンショウの栽培面積の全国順位は、福岡県と並んで6位である。収穫量の全国順位も6位である。主産地は五條市、下市町などである。

イチジク

イチジクの栽培面積の全国順位は13位、収穫量は7位である。主産地は大和郡山市、斑鳩町、天理市などである。

ハッサク

ハッサクの栽培面積の全国順位は10位、収穫量は7位である。主産地は天理市、桜井市、明日香村などである。

イチゴ

イチゴの作付面積の全国順位は16位、収穫量は18位である。主産地は天理市、大和郡山市、奈良市、平群町、安堵町、三宅町などである。出荷時期は12月〜5月である。

「古都華」は、奈良県農業総合センターが「7-3-1」と「紅ほっぺ」を掛け合わせて育成し、2011（平成23）年に品種登録され、奈良県だけで生産されているオリジナル品種である。平群町などでの栽培が多い。

「あすかルビー」も奈良県のオリジナル品種である。三宅町、明日香村、上牧町などでの生産が多い。

サクランボ

サクランボの栽培面積の全国順位は、茨城県、広島県と並んで15位である。収穫量の全国順位は福井県と並んで16位である。

スイカ

スイカの作付面積の全国順位は、滋賀県と並んで23位である。収穫量の全国順位は20位である。主産地は下市町、天理市、奈良市などである。

奈良県では、大正時代後期に奈良盆地の農業を米麦二毛作から田畑輪換方式に転換するため、県農事試験場が米国からスイカの種を取り寄せて品

Ⅱ　食の文化編　　73

種改良に乗り出したことが、「大和スイカ」が各地に普及するきっかけになった。1945（昭和20）年頃までは奈良盆地全体がスイカ畑で、収穫期にはスイカ泥棒を見張る番小屋もできた。1955（昭和30）年代以降はスイカがイチゴに代わり、スイカ畑は大幅に減少した。ただ、全国で使われるスイカの種の8割方は奈良県内の種苗会社が供給しているという伝統は今も続いている。

日本ナシ　日本ナシの栽培面積の全国順位は34位、収穫量は29位である。主産地は大淀町、斑鳩町などである。出荷時期は8月〜10月である。

町全体が南向き斜面の地形である大淀町では、温暖な気候を利用して1902（明治35）年頃から大阿太高原を中心に「二十世紀」の栽培が始まっている。同町は、県内最大の「二十世紀」の産地であり、「二十世紀」を中心に「大阿太高原梨」の名前で出荷している。斑鳩町での栽培品種は「幸水」「豊水」などである。

ミカン　ミカンの栽培面積の全国順位は26位、収穫量は24位である。主産地は桜井市、明日香村などである。

スモモ　スモモの栽培面積の全国順位は、香川県と並んで21位である。収穫量の全国順位は23位である。

キウイ　キウイの栽培面積の全国順位は31位、収穫量は21位である。主産地は五條市、吉野町などである。

桃　桃の栽培面積の全国順位は、佐賀県と並んで28位である。収穫量の全国順位は25位である。

ブドウ　ブドウの栽培面積の全国順位は38位、収穫量は29位である。栽培品種は「デラウェア」などである。主産地は平群町、大淀町などである。平群町では、「デラウェア」などが丘陵地のハウスで栽培されており、7月〜8月に出荷する。大淀町では「巨峰」を中心に8月〜10月に出荷する。

リンゴ　リンゴの栽培面積の全国順位は、滋賀県、和歌山県、宮崎県と並んで33位である。収穫量の全国順位は28位である。

ビワ　ビワの栽培面積の全国順位は、東京都、神奈川県、京都府と並んで26位で、ビワを生産する29都府県で最下位である。収穫量の全国順位は22位である。

不知火	不知火の栽培面積、収穫量の全国順位はともに22位である。主産地は桜井市、明日香村などである。
ユズ	ユズの栽培面積の全国順位は27位、収穫量は24位である。主産地は十津川村、下北山村、五條市などである。
ブルーベリー	ブルーベリーの栽培面積の全国順位は25位、収穫量は26位である。主産地は宇陀市、五條市、奈良市などである。
クリ	クリの栽培面積の全国順位は39位、収穫量は38位である。主産地は三郷町などである。

地元が推奨する食べ方と加工品の例

果物の食べ方

柿と大根のタイ風なます（奈良県）

カキと大根を拍子木切りにして、ボウルに合わせ、よく混ぜる。これに香菜（シャンツァイ）を加え、ナンプラー、レモン汁、砂糖で和える。冷蔵庫に1〜2時間置く。

柿のパリパリタルト（奈良県）

春巻きの皮2枚を型に敷き、アーモンドクリームを絞り入れ、180℃で30分焼成する。焼き上がりにシロップを塗り、カスタードクリームをのせる。シロップに漬けたカキを飾る。

豚肩ロースのカツレツ、柿のマスタード和え添え（奈良県）

豚肩ロースに、塩、コショウを振り、強力粉、卵、パン粉などの順にまぶし、オリーブ油で揚げ焼きにする。角切りしたカキを調味料で和え、かける。

さくらんぼのパンナコッタ（奈良県）

牛乳と生クリームをわかし、ふやかした板ゼラチンを加え、溶かして容器に入れ、冷蔵庫で約4時間固める。サクランボにナパージュなどを加えて混ぜパンナコッタにのせる。

古都華のグラタン（奈良県）

卵黄とグラニュー糖を混ぜ、薄力粉を加える。バニラビーンズを入れて牛乳を加え加熱し、耐熱容器に角切りにしたカステラを並べて、かける。

Ⅱ　食の文化編　　75

古都華（イチゴ）を上に並べ、オーブンで焼く。

果物加工品

- 柿酢　五條市

消費者向け取り組み

- 奈良県果樹振興センター柿博物館　五條市
- 奈良市月ヶ瀬梅の資料館　奈良市

地域の特性

地勢は、北西部に奈良盆地、東に大和高原がある。南部には、古くからの原始林が続く山岳地帯になっている。気候は全県域が内陸性であるが、北部は比較的温暖で、雨が少なく、南部は寒冷地で、雨も多い。南部の山岳地帯は紀伊山地の中央部にあたり、吉野川・北山川・十津川が流れている。

魚食の歴史と文化

古い歴史をもつ土地柄ゆえ、農作物については伝統野菜が多く、魚介類では塩サバが三重県熊野から吉野まで陸路で運ばれた。京都の塩サバが日本海の若狭から運ばれる過程と似ている。塩サバは馴れずしにしてハレの日のご馳走や保存食とした。棒ダラは若狭のほうから運ばれたらしい。棒ダラも正月の祝い魚として欠かせなかった魚であった。

奈良県の前身である大和国の天皇発祥の地であった。奈良時代までは奈良県域に都があり、法隆寺、薬師寺、東大寺、興福寺そして奈良の大仏と仏教との関わりが大きかったから、質素な食文化を維持している。

知っておきたい伝統食品・郷土料理

地域の魚　海産物の塩サバは三重県の熊野、カタクチイワシの干物(ゴマメ)、棒ダラや塩サケ、塩ブリは日本海から入手する。

川魚ではコイ、アマゴ（十津川）、アユ（吉野川）、ウナギ（吉野川）、ゴリ（吉野川）、カワガニ（吉野川）。十津川、吉野川に生息しているものは美味しいと人気である。

伝統食品・郷土料理

①サバの馴れずし

初夏になると、塩サバが熊野（三重県）から吉野に到着する。吉野に着く頃には塩が馴染んで食べごろとなる。この塩サバを樽に入れて、さらに塩を加えて重石をかけて漬け込む。漬け込みのおわった塩サバを取り出し、薄い切身にする。すし飯は甘口に味付けし、すし飯に薄切りのサバをのせ、これを塩漬けした柿の葉で包む。

②ゴマメ（カタクチイワシの干物）の料理

日本海側から届いたゴマメは、炒る。鍋に醤油と砂糖を入れて煮立て、その中に炒ったゴマメを入れ、汁がなくなるまで煮詰める。正月の祝い膳に欠かせない一品。

③棒ダラの料理

棒ダラは水で軟らかく戻し、昆布と一緒に醤油・砂糖・酒で味を整え、密閉して蒸し煮にする。

④サケ料理

日本海側から運ばれた新鮮なサケは、薄くそぎ切りし、ワカメと酢のものにして食べる。正月の夜の祝い膳とする。

⑤塩ぶり料理

塩ブリは水煮にしてから皿に盛り、薄味のくずあん汁をかける。

⑥コイ料理

初夏のコイが美味しい。修行僧の食事を原型とするな奈良茶めしには、コイのあらいを向こう付けにする。これに季節の野菜の炊き合わせ、豆腐の田楽、酢の物、すまし汁、奈良漬け、茶を炊き込んだ茶飯をセットにしたのが、古式ゆかしい東大寺の精進料理である。

⑦アマゴ（アメノウオ）料理

火で炙り、醤油・砂糖で炊いて食べる。

⑧アユ料理

吉野川のアユは、「吉野アユ」の名があるように特別に人気がある。

● 鮎寿司　吉野アユを使った鮎寿司は「弥助ずし」といわれている。このすしは、頭つきのアユを縦に包丁で捌き、塩で締めてから、すし飯にのせて熟成させる。

- あゆみそ蒸し　アユのうるかに水あめを加えて練り上げ、アユの腹に詰め、いったんミョウガの葉で包んでから、さらに外側に竹の皮でくるみ、炭火で焼き上げる。
- ウナギの白樺蒸し　素焼きしたウナギは、ダイズのゆで汁へ漬け込み、天つゆにワサビをきかせ、糸切りノリを振りかけて賞味する。
- ゴリ　吉野川で獲れたゴリは、保存用に醤油で辛く煮る。
- 川ガニ　身をすりつぶして、味噌仕立てのトロロ汁に入れる。

大和肉鶏のすき焼き

肉食

▼奈良市の1世帯当たりの食肉購入量の変化 (g)

年度	生鮮肉	牛肉	豚肉	鶏肉	その他の肉
2001	43,427	13,226	14,509	12,120	1,290
2006	38,549	8,780	14,140	12,193	1,011
2011	47,809	10,354	18,540	15,297	1,112

　奈良時代（710〜784）以前の古墳時代から飛鳥時代にかけて飛鳥周辺の大和朝廷に宮を置いた。この時代は、現在の奈良周辺は大和の国といわれた。「奈良」という言葉の由来は、「均（なら）す」（＝平にする）からきているという説がある。1887（明治20）年に大阪府から分離した。なだらかな盆地で、水運に好都合な河川が盆地内から大阪湾に続いており、古代の人にとって比較的容易な生産と生活の地域であったと考えられている。奈良の平城京は、唐の長安にならった日本で初めての本格的な都市だった。

　平城京を頂点とする強力な中央集権国家を形成し豪華な寺院を建立した。経済活動は活発でなく、社寺は当時の日本の国力からみると分不相応な生活をしていた。社寺は栄え、日本文化が生み出され、仏教が発展した時代であった。豊臣秀吉の弟・秀長の時代になり、大和郡山に城を築き、寺院の豪華な生活が消えた。奈良の食文化が目立たないのは、寺院や地主の生活が地味になっていたからと思われる。「奈良の寝倒れ」という言葉は、奈良時代から続く比較的のんびりした環境であったから、「他人を押しのけても」出世しようという気持ちはなく、「人の出方を待つ」ということから発生したフレーズといわれている。

　2001年度、2006年度、2011年度の奈良市の1世帯当たり生鮮肉購入量は、2006年度は近畿地方に比べて少ないが、2001年度と2011年度は近畿地方全体に比べて多くなっている。2011年度の奈良市の1世帯当たりの生鮮肉、牛肉、豚肉の購入量については、近畿地方の全体に比べて生鮮肉は809g、牛肉は618g、豚肉は738g、鶏肉は102g多くなっている。各年度とも牛

凡例　生鮮肉、牛肉、豚肉、鶏肉の購入量の出所は総理府発行の「家計調査」による

肉の購入量に比べて豚肉の購入量が多い。

　2006年度の奈良市の1世帯当たりの生鮮肉購入量に対する牛肉購入量の割合は、近畿地方の2006年度に比べて1.3ポイントの減少であるが、その他の年度（2001年度、2011年度）はやや増加している。生鮮肉に対する豚肉の購入量の割合については、奈良市の1世帯当たりの2001年度が同じ年度の近畿地方に比べて少なくなっているが、その他の年度においては豚肉の購入量の割合は増加している。各年度のその他の肉の購入量の割合が、2.3〜3.0％であり、近畿地方の3.6〜4.0％に比べて1.0ポイント小さくなっている。

知っておきたい牛肉と郷土料理

❶大和牛

　奈良県で14か月以上育てられた和牛。奈良県食肉流通センターに出荷されたウシで、（公社）日本食肉格付協会の肉質規格が「A3等級」以上のランクのものを大和牛ということになっている。品種は黒毛和種。鎌倉時代末期の良牛を描いた「国牛十図」に、「大和は大和牛の名とともに良牛の産出地十国の一つ」と挙げられており、その頃から存在していたのである。一時は注目されていなかったが、平成15年に、「地元の人に地元で育てられた歴史ある良質の牛肉を提供したい」という関係者の強い思いで復活した。肉質は軟らかく、美味しいとの評価を受けている。

　大和の国では、鎌倉時代末期にはすでに大和牛の名のもとに、良牛の産出国のひとつにあげられていたと伝えられている。歴史的にウシの飼育に恵まれた環境であり、黒毛和種が大和牛として飼育されていたのである。現在の大和牛は、生後30か月以上の未経産の雌のウシのなかから14か月以上は奈良県内で肥育したものである。肉質はやわらかい食感で、味にコクと深みがある。指定された生産農家が、ストレスのない恵まれた気候風土の中で飼育している黒毛和種で、希少価値のある牛肉である。この肉は贈答用に使われることが多い。奈良では、ウシは「天神さんの守護物」であり貴重な動物として取り扱っている。

- **大和牛の料理**　牛肉の料理は、牛肉の部位により調理を工夫し、より一層美味しく食べられることが望まれている。たとえば、ヒレ肉はステーキに、カタロースは焼肉、すき焼き、しゃぶしゃぶに、バラ肉はシチュ

Ⅱ　食の文化編　**81**

ーやカレーに、もも肉はシチューに、ランプ（お尻の肉）はステーキ、タン（舌）は焼肉、胃はもつ焼き、焼肉、もつ煮込みなどに適している。とくに、大和牛の「たたき」は絶品といわれているが、食中毒の関係から牛肉の生食が懸念される場合は、ステーキ、しゃぶしゃぶ、焼肉、ハンバーグなどの加熱料理にするのがよい。

- **大和牛の特別料理**　大和牛は、生食の「たたき」が絶品であるといわれている。牛肉の一般的料理（すき焼き、しゃぶしゃぶ、ステーキ、焼肉）でも食べる。

知っておきたい豚肉と郷土料理

❶ヤマトポーク

　関西地方では有名な銘柄豚。（公社）日本食肉格付協会の豚枝肉取引規格に基づき格付けされ、認定基準を満たした豚肉だけが「ヤマトポーク」として流通している。五條市内より少し離れた緑豊かな自然環境の中で、きれいな水を飲み、安全・安心な飼育管理のもと、飼育農家の丁寧な肥育により約120kgに育てられ、奈良食肉流通センターに出荷される。上質な脂肪が適度に入った肉質で、コクと甘みがあり、ジューシーである。奈良県畜産技術センターが5年がかりで開発し、2003（平成15）年に奈良県産銘柄豚として承認された。品種は、（ランドレース×大ヨークシャー）×デュロックである。

　奈良県産豚「ヤマトポーク」は、奈良県が定めた数少ない県指定生産農場で、飼料・飼育期間・飼育方法など厳しい基準の元で、さらには奈良県内の豊かな自然環境の中で肥育されている。上質脂肪が適度に存在する肉質で、ジューシーな味わいがある。肉質はきめ細かく、コクとうま味がある。

　給水や飲料水などの飼育に使う水は高性能磁気活水装置により生成された活性水を使っている。

- **ヤマトポークの料理**　ソテー、生姜焼き、焼きとんなど一般的な食べ方がある。生産者はハンバーグを薦めている。
- **柳生鍋**　豚肉を中心に野菜、季節の山菜、こんにゃくなどを特製の味噌味のスープで煮込んだ鍋料理。柳生の里にある芳徳寺の寺方料理をアレンジしたもの。

知っておきたい鶏肉と郷土料理

❶大和肉鶏
やまとにくどり

奈良県は、昔から美味しい鶏肉を産出する地域として知られていた。奈良県で飼育している地鶏で、シャモ、名古屋種、ニューハンプシャー種を交配して開発した品種で、1982（昭和57）年に誕生した。豊かな自然のなか、水と光を大切にし、135日かけてゆっくり育てる。肉質の外観は、皮も含めて綺麗で、脂肪の蓄積は少ないが、皮膚の弾力性は強い。ささ身のある胸肉はツヤがあり、適度な弾力性がある。肉質の締まりもよく、弾力もあり、脂肪も適度に含まれていて、コクとうま味がある。調理によってうま味が引き出される。

- **大和肉鶏のすき焼き**　この地鶏の食べ方は、かしわ（鶏のこと）のすき焼きが最高の料理と、地元の料理人は必ず薦める。奈良では祝いごとやハレの日には「かしわのすき焼き」を食べる。牛肉のすき焼きの代わりに鶏肉を使うのである。とくに、10月中旬の秋祭りには、菅原道真公（「天神さま」といわれている）の冥福を祈るために、天満宮に氏子総代が参列し、神主による祭儀が行われる。この日には「かしわのすき焼き」を食べて祝う。

❷飛鳥鍋

牛乳で鶏肉を炊いた鍋料理からヤギの乳で鶏肉を炊く鍋が出来上がったといわれている。推古天皇（在位592～628年）の時代に、唐から渡来した人たちが大和の国に広めたという説と、飛鳥時代（6世紀末から7世紀前半）唐から渡来した僧侶が、寒さをしのぐためにヤギの乳で鍋料理をつくって食べたという説がある。

❸かしわのすき焼き

もともとは牛肉を使ったらしいが、天神さんの守護物がウシであることから鶏（＝柏）を使ったすき焼きである。昔の奈良では、ハレの日に牛肉の代わりに鶏をつぶしてかしわ（鶏肉）のすき焼きを作り、親戚などに振る舞ったので、最近まで鶏肉のすき焼きが食卓に供されるのがご馳走であった。

❹飛鳥茶碗蒸し

奈良に伝わる郷土料理。鶏がらのだしと鶏肉を使う。飛鳥鍋と同じよう

Ⅱ　食の文化編　　83

に牛乳が入る。飛鳥時代からの味付けだ。

知っておきたいその他の肉と郷土料理・ジビエ料理

奈良県のジビエの種類

合鴨、イノシシ、シカなど。奈良県の上北山地区で捕獲した天然のシカは吉野鹿、イノシシは吉野猪といい、食肉加工の認可を得て、安全・安心・新鮮な食材として各地に提供している。

❶合鴨

奈良県御所市地区の自然豊かな葛城山の麓で飼育している。清潔な飼育舎で、飼育羽数を制限し、ストレスを与えないで飼育している。鴨肉独特の臭みはなく、豊潤でうま味がある。夏は焼肉、冬は鴨鍋が人気の料理。合鴨はロースト、燻製品としても賞味されている。野生の尾長鴨の雌も食用にする。野生の尾長鴨は、玄米を食べていて美味しく、ジビエ料理の食材として最適である。

❷イノシシ

イノシシは雌のイノシシと授乳期を過ぎた4～5か月のドンコといわれるものが市販されている。授乳期のイノシシはウリボウとよばれている。ドンコの枝肉は10kgほどの仔猪の肉で焼いても軟らかい。

- **猪鍋**　猪鍋は古くからの料理で、寒い日に体の芯を温めるご馳走であった。イノシシ独特の臭みを和らげるために、ゴボウ・ネギ・ミズナ・キクナなどの香味野菜を多く使用し、味噌仕立ての鍋で、薬味にショウガ・粉山椒などを使うことにより、肉の臭みを緩和する効果が期待されている（マスキング効果が期待されるという）。さらに味噌の使用によりさらに臭みが消去され、冬の体の温まる料理となった。牡丹鍋ともいわれる。桜井市地区には、冬に猪鍋を提供する店がある。ゴボウ、ネギ、ニラ、水菜などの香草類をたっぷり入れ、味噌仕立てで煮込む。イノシシの臭みを感じないようにして食べる。

❸シカとその利用

奈良県では、稲や野菜類の苗、トウモロコシ、大豆などの農作物が野生のシカによる被害を受けている。また、民家があるところまで現れた野生のシカが自動車などと衝突死する場合もある。奈良県の猟友会は、広場に餌を仕掛け、野生の動物をおびきよせ、動物が現れたところで大型の網で

捕獲するということも実施している。とくに、シカについては、シカが集まったところで瞬間的にスイッチが入り、網でシカを捕獲するという仕掛けもある。捕獲したシカは、缶詰用に加工し、「鹿肉」のブランドで販売している。春から夏にかけて捕獲したシカは、好物としている杉の樹液と薬草を食べているせいで、健康で赤身の美味しい肉である。骨付きのロースや骨付きのもも肉を市販している。

●**鹿肉の大和煮** 北海道のエゾシカを参考に、和歌山県内で捕獲したシカの大和煮はお土産や通販で流通している。

▼奈良市の1世帯当たり年間鶏肉・鶏卵購入量

種　類	生鮮肉（g）	鶏肉（g）	やきとり（円）	鶏卵（g）
2000年	43,238	11,826	1,560	38,865
2005年	41,865	13,017	1,260	32,433
2010年	47,333	15,721	1,115	33,699

　奈良は、日本の歴史上、都として最も早くその形を発展させたところで、飛鳥・奈良時代には、日本の政治・経済・文化の中心として栄えたところでもある。古代の文化の中心地として、法隆寺・東大寺・春日大社など多くの寺社が建立されている。京都に都が遷る前の奈良で展開された食文化は、京都のように華やかさはなく、素朴なものであった。奈良県の郷土料理として最初にあげられるのが「茶粥」「茶飯」であるように素朴な料理であった。茶粥や茶飯の起源は、1200年前ほどに東大寺で修行している人々の食事であった。大和茶で炊いた粥や飯に由来する。

　奈良県の地鶏には、大和肉鶏（生産者：奈良市にある大和肉鶏農業協同組合）がある。正肉は長時間煮込んでも型崩れせず、コクのある肉質である。鍋もの、焼き鳥、すき焼き、とりわさなどいろいろな料理に使われている。奈良の代表的鶏肉料理に「かしわのすき焼き」がある。10月の中旬の天神様（菅原道真公）の冥福を祈るための秋祭りで、天満宮に氏子総代が参列して宮司による祭儀が行われる。この時に、鶏を1羽つぶして「かしわのすき焼き」にして食べるという行事食の一つとなっている。奈良ではお祝いなどハレの日のときに「かしわのすき焼き」が食卓にのぼる。奈良では鶏は行事食の材料として重要となっているのは、天神様の守護物が牛であるから、牛の代わりに鶏を使うという習慣が生まれたといわれている。奈良の郷土料理に飛鳥鍋というのがある。これは、飛鳥時代の頃、中国から来た僧侶が、寒さをしのぐために工夫された料理で、牛乳で鶏肉を煮て食べる料理のルーツともなっている。

　2000年、2005年、2010年の奈良市の1世帯当たりの生鮮肉、鶏肉の購

入量をみると、2005年が少なくなっていて、2010年に増えている。ただし全国では3位になったこともある。鶏卵の2000年の購入量と比べてみると、2005年、2010年と減少している。やきとりの2000年の購入金額に比べると、2005年、2010年は少なくなっている。生鮮肉、鶏肉、鶏卵の購入量は大阪市や神戸市に比べるとやや多くなっている。これらのことを総合して考えると、家庭での食事が多くなってきているとも推測できる。

知っておきたい鶏肉、卵を使った料理

- **かしわのすき焼き**　天満宮の守護物が牛なので、天神様の祭儀には牛肉は使わずにかしわ（鶏肉）が使われていた。10月の菅原道真公の冥福を祈る。お祝いやお祭りの時にかしわのすき焼きが振る舞われる。
- **龍田揚げ（竜田揚げ）**　醤油や味醂などのたれに漬け込んだ鶏肉に片栗粉をまぶして油で揚げた料理。奈良県北西部を流れる龍田川は紅葉の名所で、小倉百人一首の和歌の中でも「紅葉の名所の龍田川の川面を流れる紅葉」と詠われているところから、揚げた鶏肉の色を紅葉に見立てて命名されたとする説と、旧日本海軍の司厨長龍田氏が最初に作った料理との説がある。
- **大和肉鶏そぼろ弁当**　大和肉鶏の胸肉のミンチと玉ねぎ、ニンジンを甘辛く煮付けて、高菜、錦糸玉子の、茶色、緑色、黄色の三色の具がご飯の上に彩り良く盛り付けられている。また、大きな出し巻き玉子、小梅の梅干も良いアクセントになっている。大手コンビニチェーンで採用された弁当。

卵を使った菓子

- **三笠焼き**　奈良風どら焼き。三笠山（別名春日山。侵食により鐘状の丸い形の山で、昔から古歌によく詠まれる）に見立てた卵を使った焼き菓子。奈良ではどら焼きを"三笠山"ともいう。

地 鶏

- **大和肉鶏**　体重：雄平均3,500g、雌平均2,400g。肉質向上のために奈良県産の米を飼料に加えているので、ブロイラーと比べて肉は旨味があり赤みも強く脂肪も適度で肉のしまりも良く歯ごたがある。よく煮込んで

も型崩れせず、コクと甘味があり豊富な肉汁を含んでいるため幅広い料理に利用できる。旨味成分のイノシン酸、グルタミン酸、グルコースを多く含む。飼養期間は平均135日間と長期。軍鶏の雄に、名古屋コーチンとニューハンプシャーを交配した雌を掛け合わせて作出。大和肉鶏農業協同組合が生産する。

たまご

- **寿恵卵** 奈良から流れ始める紀ノ川の清流を眼下に見下ろす河内葛城山の裾野で絶好の環境の中で極めて自然に近い状態で飼育されて産まれた卵。おいしさは抜群で生食に最適。最高級の厳選卵。日興鶏卵が生産する。

- **大和なでしこ卵** 飼料に魚油を配合することでDHA（ドコサヘキサエン酸）が通常卵の約2.5倍（250〜280mg）に高まった、殻の色がピンク色のブランド卵。カテキンによる整腸作用を期待して奈良県産銘茶"大和茶"を飼料に加えたので、卵の生臭さが少ない。奈良県畜産農業協同連合会が生産する。

- **こだわりたまご** 専用飼料に鶏のお腹の調子を整えるイソマルオリゴ糖を添加し、丈夫な殻を作るためにカルシウムが豊富な牡蠣ガラを加え、そして水もイオン水を与えている。臭みが少なくコクがある味と鮮度、安全性にこだわった卵。大宮農場が生産する。また、直販所ではその日に産まれた卵を買い求めることができる。

その他の鳥

- **合鴨** 御所市の自然豊かな葛城山の麓で飼育されている合鴨は、脂身と赤身のバランスが良いことで知られている。ほど良くしまった肉質で鴨独特の旨味があふれる。30年の飼育経験から嫌な臭みをなくした。奈良市内のお店で鴨鍋、鴨のロースト、鴨重など和洋の料理が楽しめる。

県鳥

コマドリ、駒鳥（ツグミ科） 夏鳥、英名 Japanese Robin。首から頭部が橙色の地味だが綺麗な小鳥。名前は、鳴き声「ヒンカラカラカラ」が、馬のいななきに似ているので駒鳥とよばれる。鳴声は美しく、ウグイス、オオルリとともに日本三名鳥といわれる。愛媛県も県鳥に指定。

汁 物

汁物と地域の食文化

　奈良は、昔は山処と書かれるほど山間部が多い。その中に存在する平地は奈良盆地である。したがって、奈良は山間部と盆地にできる食材を利用した料理が多い。盆地のスイカ、山間部のナシや柿、大和茶とよばれている日本茶は有名である。

　海に面している地域のない「海なし県」であるが、吉野川のアユ、十津川のアメノウオ、山間部のイノシシは重要な動物性たんぱく質源になった。秋から春にかけて熊野灘から西サバといわれる塩サバ、夏は東サバといわれる塩サバが運ばれ、柿の葉ずしや馴れずしにしている。日本海の塩は大和川や十津川を利用して運ばれ、あるいは馬の背にのせて運ばれた。

　奈良盆地の郷土料理である「茶粥」は、第二次世界大戦が終わってもしばらくの間食べていた。コメの収穫が多くないので、大麦を混ぜたこともあった。古くから茶の産地であったことも「茶粥」が発達した理由でもある。茶粥に小豆、ソラマメ、ササゲ、サツマイモなどを混ぜることもある。香ばしく炒ったソラマメを入れた茶粥は「炒りそらまめの茶粥」として今でも作られることがある。

　山間部の「しし鍋」は重要なたんぱく質供給源であった。生駒・大和郡山・天理の郷土料理の「ハモの吸物」は、瀬戸内海から運ばれる貴重なハモ料理である。「エイの煮汁」で炊いたおからがある（富岡典子他『日本調理科学誌』43巻（2号）、2010年）。

汁物の種類と特色

　奈良県の郷土料理としては「茶粥」が挙げられる。「大和の朝は茶粥で明ける」といわれるように、特産の大和茶で炊いた「大和の茶粥」は、東大寺に起源がある。鎌倉時代には僧侶が食していた。その後、庶民にも広まるが、奈良県の家庭の朝の主食となったのは昭和30年頃からである。

奈良県には伝統野菜の種類が多く受け継がれているが、自家消費が多い。

汁物の郷土料理には、飛鳥の僧侶が牛乳を利用した「飛鳥鍋」や「飛鳥汁」、奈良県の山間部で捕獲したイノシシの「いのしし鍋」（しし鍋）、サツマイモやかき餅を入れた「かき餅入り茶粥」、三輪そうめんを入れた「にゅうめん」、野菜と厚揚げを入れた「のっぺい汁」、「タイ納豆汁」、太ったネギの白色部を使った「大和ふとねぎ汁」、雑煮の餅をきな粉に付けて食する「きなこ雑煮」、じゃこか昆布ダシの汁で作る「ハモの吸い物」（薄い醤油の味）、「すき焼き」、秋にとれるシメジは醤油仕立ての汁で食する。

醤油・味噌の特徴

❶醤油の特徴

奈良県の醤油醸造会社は、それぞれ用途に応じて淡口醤油、重ね仕込み醤油、たまり醤油、青大豆醤油などを作っている。吉野杉の木樽で発酵・熟成するのが特徴の一つである。

❷味噌の特徴

昔ながらの手法で作っている「吉野の糀味噌」がある。

1992年度・2012年度の食塩・醤油・味噌の購入量

▼奈良市の1世帯当たり食塩・醤油・味噌購入量（1992年度・2012年度）

年度	食塩（g）	醤油（mℓ）	味噌（g）
1992	2,515	10,121	5,908
2012	3,084	5,412	3,852

▼上記の1992年度購入量に対する2012年度購入量の割合（%）

食塩	醤油	味噌
122.6	53.5	65.3

2012年度の奈良市の1世帯当たり食塩購入量が1992年度に比べると約20%多くなっている。この理由は明らかでないが、醤油や味噌の購入量は減少しているので、各家庭で梅漬けや野菜の漬物を多く作ったことによると考えられる。奈良県や奈良市の健康増進課が積極的に生活習慣病予防対策として高血圧や肥満にならないように県民や市民への対策をしているので、健康のために塩分摂り過ぎの傾向はみられないと考えられる。

Ⅱ　食の文化編

地域の主な食材と汁物

古い歴史の奈良県は、伝統野菜の種類が多く、しかも、自家消費量が多い。一般に知られている野菜の利用は少なく、奈良の盆地に適した野菜の利用が多い。「大和の朝は茶粥で明ける」といわれるほど「大和茶」を使った「茶粥」や「茶飯」を作る。これらには大和の野菜の漬物が添えられることが多い。

主な食材

❶伝統野菜・地野菜

大和野菜（大和まな（漬菜）、千筋みず菜、宇陀金ゴボウ、ひもトウガラシ、軟白ズイキ、祝ダイコン、小ショウガ、花ミョウガ、結輪ねぶか）、大和のこだわり野菜（大和フトネギ、香りゴボウ）、半白キュウリ、朝採り野菜（レタス、ナス、キュウリ、スイートコーン）、その他（シイタケ・ナメコ・エリンギ・ブナシメジなどのキノコ類、トマト、ダイコン、ハクサイ、キャベツ、ヤマトイモなど）

❷食肉類

大和牛、ヤマトポーク、大和肉鶏、イノシシ

主な汁物と材料（具材）

汁　物	野菜類	粉物、豆類	魚介類、その他
ハモの吸物	ネギ		ハモ、ダシ（じゃこ、昆布）、調味（醤油）
すき焼き	マツタケ、水菜、ネギ	豆腐	コンニャク、鶏肉、調味（醤油／砂糖）
シシ鍋	ニンジン、ゴボウ、ダイコン、ネギ、ショウガ		イノシシ肉、調味(味噌)
しめじ汁	シメジ		ダシ（じゃこ）、調味（醤油）
大和ふとねぎスープ	大和太ネギ		淡口醤油またはコンソメ

大和の茶粥		米、小豆、栗、ソラマメ	大和茶
飛鳥汁			鶏肉、牛乳
きな汁（丸餅を砂糖入りきな粉をつけてから野菜の入った汁を付ける）	八がしら（またはサトイモ）、大根、ニンジン	豆腐	コンニャク

郷土料理としての主な汁物

　周囲が山で囲まれている奈良県は山の国である。平地は奈良盆地だけである。郷土料理の素材には、山の幸や野の幸の利用されたものが多い。特別なものに大和茶を使う「茶粥」がある。昔は、吉野川のアユ、十津川のアメノウオ、熊野灘から運ばれるサバは大切な動物性たんぱく質供給源となっていた。

- **飛鳥鍋**　飛鳥時代に呉からの帰化人が大量の牛乳を献上したことからできた鍋物。飛鳥の僧侶たちが、栄養補給のために、すでに中国から導入していた牛乳で鶏肉を煮た鍋が飛鳥鍋である。現在は、豆腐、季節の野菜も加えた栄養的にバランスのとれた鍋に作られている。寒さをしのぐための熱々の鍋である。

- **飛鳥汁**　鳥鍋からヒントを得た牛乳の汁

- **イノシシ鍋（猪鍋）**　奈良の山間部には、昔からイノシシ、シカ、クマなどの野生動物が棲息し、木の実を餌に、人間と共存していた。近年は、これらの野生動物による農作物の被害が増加しその対策に苦慮している。イノシシ鍋は、各地で牡丹鍋、猪鍋の名でも利用されている。とくに、山間の温泉旅館の定番料理でもある。

- **きな粉雑煮**　奈良の雑煮は、雑煮の中の餅に砂糖入りきな粉をつけて、「安倍川餅」のようにして食べる。椀の中には、ニンジン、サトイモ（八がしら）、豆腐、コンニャクが入っている。餅は丸餅である。

- **茶粥と大和茶**　大和茶は奈良の丘陵地帯で栽培され、香味のよい煎茶に加工される。奈良の茶の栽培は、平安時代の前期に弘法大師が唐の長安から種子をもってきて宇陀郡で試し栽培をしたことに始まるといわれている。奈良の郷土料理の茶粥は大和茶粥ともいわれる。茶袋に入れた番

茶を煮だし、コメ、麦、小豆、エンドウ豆、サツマイモ、サトイモを入れて炊いた粥である。奈良という稲作の難しい地域の人々が貴重な米を食いのばすための知恵として生まれたものである。かき餅を入れて粘り気のある粥を作る家庭もある。

- **ハモの吸物**　斑鳩地域の郷土料理。雑魚だしの汁の味を醤油で調え、この沸騰した中に、骨切りしたハモのぶつ切りを入れた吸物。
- **すき焼き**　県北東部の山辺郡山添村の鶏肉のすき焼き。秋の行事や来客の時に作る。
- **しめじ汁**　秋のシメジの旬の時期に作る。大鍋にじゃこのだし汁を入れ、シメジを入れて、醤油で味を調えた汁。

伝統調味料

地域の特性

▼奈良市の1世帯当たりの調味料の購入量の変化

年　度	食塩 (g)	醤油 (ml)	味噌 (g)	酢 (ml)
1988	3,795	11,620	6,379	3,127
2000	2,016	8,030	5,141	2,719
2010	1,878	4,588	4,554	3,627

　奈良県の前身である大和国は天皇の発祥の地であったと伝えられている。日本の歴史を調べると、奈良時代に奈良の東大寺の正倉院に保管されている正倉院文書や正倉院文様の資料について記載されていることが多い。このことは、奈良が「日本の始まり」の謎解きに必要な地域であることを意味していると思われる。奈良盆地は、飛鳥・奈良時代には都が置かれ、「国のまほろば」とも詠まれている。古代の文化の中心地として法隆寺・東大寺・春日大社など多くの寺院が建立された。

　奈良県の代表的郷土料理として最初にあげられるのは「茶粥」「茶飯」である。非常に質素な料理のイメージが強いのは、山岳部が多く、山間は険しく、吉野川・北山川・十津川も流れ、農作物の栽培に適した地形が少ない。奈良東方の丘陵で茶が栽培され、大和茶として古くから知られていた。大和茶の始まりは、唐の長安に遊学した空海（弘法大師）が、平安時代の前期の大同元（806）年に帰朝したときに、茶の種子をもってきて、宇陀郡で栽培したことによると伝えられている。香味のよい煎茶に加工され、その美味しさの評価は高かったようである。大和地方は大和茶の栽培が盛んであり、「奈良茶粥」も盛んな地域である。この奈良茶と奈良茶粥のながれから「奈良茶飯」ができあがる。

　日本の一般の家庭の朝食は、関東地方なら温かいご飯を炊き、焼き魚やみそ汁を惣菜として食べるのが普通であるが、関西地方には、朝食に温か

いご飯を食べる習慣はないところもある。ご飯を炊くのは昼食のためで、翌日の朝食は冷たいご飯を食べることになる。ところが、大和地方は大和茶をかけて温かい「奈良茶粥」として食べる習慣がある。茶粥は、布袋に入れた番茶を煮出し、塩を入れて調味する。これにアズキ、ソラマメ、サツマイモなどを加えることもある。奈良の人々は京都の人々に比べて質素な生活であることがうかがえる。総理府の「家計調査」を参考にすると、奈良市の人々の1世帯当たりの調味料の購入量は、京都、大阪、神戸の人々に比べると、やや少ない傾向がみられるのは、奈良の人々の生活の質素さと関係があるのかもしれない。

奈良の大和国は、天皇家発祥の地といわれている。奈良時代末まで、奈良県域に都があった。その後の長岡京への遷都（784年）につぐ平安遷都によって貴族は京都へ移った。その後にも、奈良盆地の住民たちは、自分たちは朝廷のお膝もとの小豪族や農民であったことに大きな誇りをもっていた。これが、奈良県民の保守性、排他性につながったようである。平安時代以降、奈良の街を中心に、大寺院相手の商工業が栄えた。これに伴う経済の繁栄の中で、奈良の人々には古代人のおっとりした気質が受け継がれたのであろうといわれている。それは、質素な郷土料理が証明しているようである。

奈良の郷土料理の「つくし飯」は、早春になるとつくる、ツクシを炊き込んだ料理である。実際は、ツクシの茎の途中にあるハカマの部分を取り除くのに、手間がかかるので、最近では食べる人が少なくなっているという。ツクシを炊き込みご飯、酢の物、辛し和え、コショウ和え、ゴマ和え、佃煮などにすることからも、奈良の人々は質素な食生活を送っていると想像できる。

知っておきたい郷土の調味料

奈良盆地の南東に位置する三輪山をご神体として祀る大神神社は、最古の酒の神様と伝えられている。三輪山の水は酒を造り、素麺（三輪素麺）づくりに適していた推察できる。醤油も味噌も清酒と同じように糀（麹）の働きがポイントである。糀の働きには三輪山の水が適していたので、美味しい醤油・味噌づくりが可能であったといえる。

醤油・味噌

- **奈良の醤油の特徴**　奈良の醤油づくりは古くからの天然醸造の手法を受け継いでいて、各会社がそれぞれ工夫して美味しい醤油を作っている。とくに、こだわり醤油を作っている会社は、向出醤油製造元、宝扇てづくり醤油、恒岡醤油醸造本店、イヅツマン醤油、大門醤油醸造、マヅダイ醤油があげられる。各メーカーとも料理に応じた醤油を作っている。

- **用途に応じた醤油づくり**　昭和 6（1931）年の創業の片上醤油は、用途に応じた醤油を作っている。丸大豆を使った醤油には、淡口醤油、重ね仕込み醤油、たまり醤油、青大豆醤油、焼餅醤油などを製造・販売している。特徴の 1 つとして、吉野杉の木桶で発酵・熟成をしていることがあげられる。

- **手作り装置の醤油醸造**　江戸時代末期に創業した井上本店は、原料については国内産の大豆と小麦にこだわっている。装置については、燃料は生醤油を搾った時に出てくる油を利用し、資源の有効利用をしている。このための装置や工程の開発には苦労をし、商品ができるまでには 1 ～ 2 年を要する。お正月に使う黒豆を原料とした醤油を「イゲタ黒豆醤油濃口」、奈良の老舗醤油会社が 2 年醸造の醤油を再度仕込んで作る醤油を「イゲタ濃厚醤油」のブランドで販売している。

- **吉野の糀味噌**　梅谷味噌醤油㈱（吉野郡）は、昔ながらの手法で味噌と醤油を製造し、「糀味噌」「再仕込み醤油　舌つづみ」などのブランドで販売している。ポン酢醤油なども人気の商品である。

食酢

- **柿酢**　吉野産の柿の果汁と酢酸酵母だけで、水も加えないで、天然静置醸造法で作られる。すっきりした食酢由来の酸味、強い甘味はなく、料理にも飲用にも使える。飲用の場合は焼酎などで薄めて飲むとよい。タコぶつをこの柿酢で調味すると爽やかな味付けになる。揚げ物には「醤油・砂糖・柿酢」の合わせたものをかければ、揚げ物もさっぱりした食感で食べられる。

ソース

● **トマトソース・キャベツソース**　奈良のパスタのメニューでは、トマトソースを使ったものやキャベツソースが人気のようである。キャベツソースはキャベツの茹で汁、茹でキャベツを細かく切ったものにアンチョビーやスパイスを入れて作ったもの。岐阜や福岡でも人気のソース。各メーカー（月星、味の素など）が独自のキャベツソースを開発している。野菜スティック、串揚げ、パスタなどに添えられる。

郷土料理と調味料

　奈良は京都に先立つ都として、飛鳥・奈良時代は、日本の政治・経済・文化の中心地であった。そのような環境だから貴族などの食生活は贅をつくしたものと想像したいが、実は素朴な食生活であった。その理由は、米や麦の栽培が難しい土地であったことと、海のない地域だったので、海の幸の入手が難しかったことがあげられる。

　奈良のうまいものとして喩えられる郷土料理は、「大和の茶がゆ」「奈良茶漬け」「柿の葉ずし・朴の葉ずし」「めはりずし」「もみうり」「柿なます」「ごま豆腐」「にゅうめん」「奈良のっぺ」「かすわのすき焼き」「飛鳥鍋」「奈良の雑煮」「田楽」「七色お和え」「しし鍋（しし汁）」がある。

● **柿なます**　柿は奈良の名物である。秋には赤く熟した甘柿や晩秋には軒下に吊るされた干し柿（渋柿の皮を剥いて干して軟らかく甘く熟す）などは奈良の風物詩である。甘くなった干し柿は細かく刻んで、ダイコンとニンジンの紅白のナマスに入れる。正月のお節料理の一品として用意するところが多い。

● **奈良のっぺい**　東北や北陸地方の郷土料理の「のっぺ」に似ている。毎年、12月17日の奈良春日大社若宮の「おん祭り」の1年の最後を飾る祭りの時に用意する。奈良の「のっぺい」は、サトイモ、ダイコン、ニンジン、ゴボウに油揚げも入れた具だくさんの煮物。

発　酵

奈良漬

◆地域の特色

　紀伊半島中央の内陸部に位置し、北西部に奈良盆地、北東部に大和高原、それ以外は大台ヶ原や近畿地方最高峰の八経ヶ岳といった紀伊山地が広がる。奈良盆地は大阪との距離が近いことから住宅開発が進み、大阪市や京都市のベッドタウンとなっている。吉野地区は、世界遺産の大峯奥駈道、熊野古道もあり、山岳信仰の霊地として古くから多くの信仰を集めている。

　気温の年較差、日較差の大きいいわゆる内陸性気候で、奈良県における年平均気温は14.6℃と全国のほぼ平均的な気温である。降水量は年間を通じて1333.2mmと比較的少なく、降雪の観測日数は多くない。奈良市のある北部は一般的に瀬戸内海式気候に、吉野郡のある南部は太平洋側気候に属する。県内は典型的な盆地気候であり、夏場はかなり蒸し暑い。冬の寒さはどの地域でも厳しい。

　イチゴ、スイカ、柿、茶（大和茶）の有数の産地でもある。特にイチゴは県内の地名が付いた「あすかルビー」という品種が有名である。吉野地域の林業は県南部の基幹産業となっており、吉野杉のブランドで知られる。

◆発酵の歴史と文化

　奈良県は、日本酒発祥の地の一つである。室町時代には86もの塔頭（小寺院）を抱えた大寺院だった正暦寺では大量の僧坊酒が造られていた。正暦寺の僧坊酒は、仕込みを3回に分けて行う「三段仕込み」や麹と掛米の両方に白米を使う「諸白」造り、酒母の原型である「菩提酛」造りなど近代醸造法の基本となる酒造技術が確立されていたことが『御酒之日記』（1489（長享3）年成立）に書かれている。1996（平成8）年に奈良県の酒造家により「奈良県菩提酛による清酒製造研究会」が発足し、菩提酛造りを復元した日本酒が販売されている。

　また、桜井市にある大神神社には、酒造りを行う杜氏の祖神とされる高

橋活日命を祀る活日神社がある。毎年11月には新酒の醸造を祈る祭典があり、全国から酒造関係者が集まる。祭りでは神楽「うま酒みわの舞」が4人の巫女により舞われ、樽酒が振る舞われる。祭りの前日には祈祷殿に取り付けられていた「大杉玉」が新しいものに掛け替えられる。

　全国の酒蔵では新酒ができると、そのしるしとして青々とした杉玉が掲げられる。この杉玉は大神神社から各酒蔵に届けられるもので、杉玉の下に吊るされている札を見ると、「三輪明神・しるしの杉玉」と書かれている。新酒ができた頃に青々としていた色は、1年かけて徐々に茶色になっていく。それは、酒の熟成具合を表しているといわれている。

◆主な発酵食品

醤油　濃口醤油が主体であるが、淡口醤油や再仕込み醤油なども人気がある。吉野杉で作った木桶で仕込んでいる大門醤油醸造（桜井市）をはじめ、ニシキ醤油（生駒郡）、片上醤油（御所市）、恒岡醤油醸造（橿原市）、尾上醤油店（吉野郡）、徳星醤油醸造場（高市郡）などで造られている。

味噌　嶋田味噌（磯城郡）、梅谷味噌醤油（吉野郡）、和田糀店（北葛城郡）などで造られている。葛城地域では、ほのかな甘み、独特の風味がある、エンドウマメを使ったえんどう味噌が造られている。

日本酒　日本酒発祥の地の一つである奈良県には現在でも、1660（万治3）年創業の今西酒造（桜井市）、1702（元禄15）年創業の久保本家酒造（宇陀市）、1718（享保3）年創業の喜多酒造（橿原市）、1719（享保4）年創業の油長酒造（御所市）、1788（天明8）年創業の北村酒造（吉野郡）など、歴史の古い酒蔵が数多く残っている。

　その他、吉野杉の木桶仕込みを行っている美吉野醸造（吉野郡）、豊澤酒造（奈良市）、今西清兵衛商店（奈良市）、長龍酒造（北葛城郡）、千代酒造（御所市）など28の蔵がある。

焼酎　平群町産の金時芋や川西町結崎産の大和野菜「結崎ネブカ」ネギを使った焼酎を造る八木酒造（奈良市）などがある。

ビール　なら麦酒ならまち醸造所（奈良市）、曽爾高原ファームガーデン（宇陀郡）、奈良醸造（奈良市）などでクラフトビールが造られている。

柿酢　　吉野地方産の柿を使用した柿酢が、石井物産（五條市）などで造られている。

柿の葉寿司　　塩鯖やサケを薄くそぎ切りにし、酢飯にのせて柿の葉で包み、押して寝かせたすしで、吉野地方、五條の名産品である。6〜10月にかけてハレの日に家ごとに作られるごちそうで、吉野地方では一家に一つ柿の葉寿司用の木桶があるといわれる。柿の葉で食べものを包む手法は、伝統的な保存技術として一帯に伝わっている。さらに、柿の葉の香りがすしに移り、風味もよくなる。柿の葉は、保存効果を高めるため塩漬けにする場合がある。

鯖寿司　　酢飯の上に三枚におろした塩鯖をのせ、竹の皮で包んで重しをのせる、秋祭りのごちそうである。

鮎寿司　　塩漬けや酢漬けにした鮎の腹を開き、骨などを除いて酢につけ、飯を詰めて発酵させたものである。

さんま寿司　　サンマを用いた押し寿司で、十津川村などで食べられている。主に、祝い事、祭りなどの際に作られる。

蘇（そ）　　飛鳥時代〜平安時代に作られていた乳製品の一種で、乳汁を加熱濃縮して固めた乳加工食品である。古代のチーズともいわれる。『延喜式』などの文献をもとに再現したものが販売されている。

奈良漬け　　白ウリ、キュウリ、スイカなどの野菜を塩漬けにし、何度も新しい酒粕に漬け替えて作る漬物である。江戸時代に、奈良中筋町に住む漢方医糸屋宗仙が、白ウリの粕漬けを「奈良漬」という名で売り出して評判となり、奈良漬けの言葉が広まったといわれている。

法論味噌（ほろみそ）　　東大寺に伝わる味噌で、法論という行事の後で食べるものである。焼き味噌を天日干しにし、クルミ、ゴマ、麻の実、サンショウなどを混ぜ込んである。なめ味噌の一種であり、「飛鳥味噌」ともいう。

◆発酵食品を使った郷土料理など

めはり寿司　　吉野地方の郷土料理で、高菜の浅漬けの葉で包んだ弁当用のおにぎりである。千貼り寿司（せんばずし）、芭蕉葉寿司（ばしょうばずし）と呼ぶ地域もある。

Ⅱ　食の文化編　　101

朴葉寿司
（ほおばずし）　魚や山菜などを具材としたちらしずしをホオノキの葉で包んだもので、携行食として持ち歩き、農作業や山仕事の合間などに食べる。酢飯や朴葉自体の殺菌効果により日持ちがよい。

飛鳥鍋
（あすかなべ）　鶏ガラのだしに牛乳を加え、白味噌、醤油、砂糖などで調味し、鶏肉と野菜を煮込む、飛鳥、橿原地方の郷土料理である。

柚餅子
（ゆべし）　吉野郡十津川村などで、ユズを原料として味噌やクルミを混ぜて作る和菓子の一種である。

◆特色のある発酵文化

明日香の酒船石
（さかふねいし）　水にかかわる天皇祭祀空間を展開する遺跡を構成している、長さ約5.5m、幅約2.3m、厚さ約1mの花崗岩の石造物である。江戸時代から多くの仮説が唱えられ、酒を造る設備、あるいは薬などを造るための設備ともされ、諸説あるが定かではない。

◆発酵にかかわる神社仏閣・祭り

正暦寺（奈良市）　菩提酛清酒祭
（しょうりゃくじ）（ぼだいもと）　毎年1月に境内で菩提酛という酒母を仕込む行事が行われる。かつて、大寺院で僧坊酒が造られていたとき、正暦寺は酒造りを行う寺院の筆頭格とされていた。境内には、「日本清酒発祥之地」の石碑が建っている。

大神神社（桜井市）　醸造安全祈願祭（酒まつり）
（おおみわじんじゃ）　酒造りの神の祭神を称えて、毎年11月に催される新酒の醸造の安全を祈る祭典で、全国の杜氏など酒造関係者が参列する。祭りでは神楽「うま酒みわの舞」が4人の巫女により舞われ、樽酒が振る舞われる。祭りの前日には祈禱殿に取り付けられている直径約1.5m、重さ約200kgもある「大杉玉」が青々とした新しいものに掛け替えられる。境内には、酒造りを行う杜氏の祖神を祀る活日神社がある。

春日大社酒殿
（さかどの）　本殿の西隣に859（貞観元）年創建といわれ、重要文化財に指定されている酒殿があり、酒の神、酒弥豆彦神と酒弥豆売神（さかみずひこのかみ）（さかみずめのかみ）が祀られている。内部には大甕があり、現在でもここで濁酒を醸造してお供えをする。

◆発酵関連の研究をしている大学・研究所

奈良先端科学技術大学院大学先端科学技術研究科バイオサイエンス領域

　酵母を用い、環境ストレスへの適応機構を研究し、新たなバイオインダストリーの技術開発を目指している。泡盛や日本酒用の酵母の開発も行っている。

発酵から生まれたことば　醍醐味

　仏教の大乗経典の中に、五味として乳、酪、生酥、熟酥、醍醐という記述がある。すなわち、牛乳を原料としてこの順に熟成され、最も濃厚な味で美味なものが醍醐であるとされている。

　『延喜式』にある製造法の記述によれば、蘇は現在のレアチーズのようなものと推定される。醍醐は蘇をさらに熟成したものであるので、その濃厚な味から醍醐味は物事の本当の面白さという意味で使われるようになった。発酵の奥深さを示す言葉といえよう。

和菓子／郷土菓子

お水取りの椿菓子

地域の特性

　近畿地方の中南部に位置し、紀伊半島の内陸部にある。県の領域はかつての大和国で、県庁の所在地は奈良市。県内は典型的な盆地気候で、夏場は蒸し暑く、冬は京都よりも寒い。

　奈良盆地は古代、大和政権の根拠地で、6世紀末から7世紀には飛鳥地方が都として栄え、710(和銅3)年に平城京遷都により北部に移り80余年間日本の政治・文化の中心地となった。仏教文化もこの地を中心に発展し、飛鳥時代に法隆寺が、奈良時代には東大寺や興福寺などが建立された。

　仏教文化とともに遣唐使により伝えられた「唐菓子」文化は、日本の菓子の曙であった。社寺仏閣に伝えられた「唐菓子」は、庶民の口にも入るように市井の菓子店にも伝えられ、「8種唐菓子」の1つ「餢飳」は「ぶと饅頭」として奈良市内で売られている。また、室町時代前期禅僧とともに来日した林浄因は、奈良に住み中国の饅頭を、日本人好みに小豆餡入りの饅頭として創製した。奈良は「中国伝来菓子」の発祥地であった。

地域の歴史・文化とお菓子

東大寺のお水取りと椿の菓子

①春をよぶ二月堂「修二会」

　関西では、東大寺二月堂のお水取りがすむと春がやってくるといわれている。この行事は「国家安穏」を祈り陰暦の2月に修する法会なので「修二会」といわれた。正月に行われる場合は「修正会」という。東大寺二月堂の「修二会」には、お水取り行事が組み込まれており、もともと民間で行われていた春祭りと、仏教が結びつき、冬籠りの長い眠りから覚める春の行事となった。

　「修二会」は現在3月1日(陰暦は2月1日)から14日まで行われ、13

日の未明に練行衆（僧）によって本尊の十一面観世音菩薩に供える閼伽井屋の御香水を汲む行事がある。この行を勤める練行衆の道明かりとして大松明に火がともされ、クライマックスは欄干から火の粉を散らして振り回す童子の壮麗な松明であった。そのことからこの行事を「お水取り」あるいは「お松明」とよばれていた。

②十一面観世音菩薩に捧げる椿の花

さらに「修二会」は正しく「十一面悔過」といい、ご本尊に日々人々が犯している過ちを、僧たちが代わって懺悔するとともに「天下泰平」「五穀豊穣」「万民快楽」を祈る大きな法要であった。

「修二会」は奈良時代の752（天平勝宝4）年に僧・実忠によって行われて以来、1260数年間一度も欠かさず行われている。法要中、僧の行に「花拵え」というのがあり、紅白に染めた和紙で椿の造花が500個も作られる。春を呼ぶその椿は「二月堂椿」といい、春日奥山から切り出された椿の生木に咲いているように挿され、十一面観音の須弥壇の四方に飾られる。

この椿は「糊こぼし椿」ともよばれ、その昔、僧たちが造花を作っていた時赤い紙に、誤って糊をこぼしてしまい、白い斑入りの椿になってしまった。二月堂の南西にある開山堂（東大寺開山・良弁大僧正を祀る）の庭に、折しも咲く椿ととてもよく似ており、この椿を「糊こぼし」「良弁椿」とよぶようになったという。

③奈良の町を彩る和菓子店の椿

1月も末になると奈良市内の和菓子屋さんの店頭には、お水取りに因んだ椿の菓子がさまざまに作られ町を彩っている。その名もずばり「糊こぼし」は萬々堂通則のお菓子で、最初は「良弁椿」の名で販売されていたが、後に現在の菓名になった。練り切りの5枚の紅白の花びらが、黄身餡の花芯を包み、全体がなめらかで、ベルベットのような優しいお菓子である。

「修二会の椿」は萬勝堂の菓子。花芯はやはり黄身餡で、花弁は薄く作った羊羹を型抜きし、白い花弁は吉野葛で作る吉野羹で作られている。練行衆が作る椿のようである。

「南無観椿」は、ならまち・中西与三郎の菓子。花びらは紅白の練り切りで、花芯も黄身餡。ほっこりと花開いた愛らしい椿である。

その他「良弁椿」は鶴屋徳光、「二月堂椿」は吉宗、「開山良弁椿」は徳萬のお菓子で、これらの菓子は早くて1月末よりお水取りの終わる3月半

II　食の文化編　105

ばまでの季節限定の菓子である。賞味期限も当日という菓子で、菓子自体の歴史は浅いが、天平の昔に思いをつなげてくれる楽しい菓子である。

行事とお菓子

①奈良盆地の「きな粉雑煮」

　奈良の雑煮は、一度で二度楽しめる変わった雑煮である。お椀には人の頭になるよう頭芋（やつがしら）、豆腐は白壁の蔵、こんにゃくは土蔵で蔵が建つように、ダイコン、ニンジンは紅白でめでたく、餅は丸く１年が過ごせるように丸餅。そしてこの雑煮の餅は、砂糖入りのきな粉を付けて食べる。つまり雑煮の餅を、「安倍川餅」にして食べるのである。きな粉の黄色は黄金に色づく稲穂で豊作を意味していた。

②神武さん「れんぞ（連座）」のよごみ餅（蓬餅）

　大和の畝傍山の東南に鎮座する橿原神宮は、地元の人々に「神武さん」とよばれ親しまれ、神武天皇と皇后が祀られている。奈良盆地で「れんぞ」というと、４月３日の「神武天皇祭」で、天皇の命日（崩御された日）に当たり、県内各地の寺でも春の会式が行われた。

　この日、農家では畑仕事も休みで巻き寿司やちらし寿司などを作る。この日の目玉のご馳走は「よごみの餡付け餅」で、家族総出でヨモギの新芽を摘んで蓬餅を作る。この餅にやわらかく煮た小豆餡をまぶし、重箱に詰めて、家を離れている子供たちに届けた。「れんぞ」は春休みという意味もあった。

③林神社の饅頭祭り

　奈良市の漢国神社の境内に「林神社」がある。祭神は、我が国で最初に饅頭を作った林浄因で、室町前期京都建仁寺の竜山禅師の入宋の際、弟子となり禅師とともに来日して奈良に住んだ。中国風の饅頭を日本人好みに変え、山の芋と小麦粉の皮で餡を包んだ薯蕷饅頭を初めて作り、我が国の食文化に大きな貢献をした。饅頭の始祖・浄因の子孫は「塩瀬」を家号とし、今日まで「塩瀬饅頭」の総本家として存在している。浄因の命日が４月19日だったことから祭礼日となり、饅頭や菓子に関係する業者が全国から集まり「饅頭祭」が行われ、参拝者にも饅頭が授与される。

④端午の節供の「粽」と「ふんぐり」

　月遅れの６月５日に行われ、奈良県下の「粽」は川辺に生えるアシやマ

コモ、カヤの葉が使われる。米粉ともち粉を湯で捏ねて団子にして蒸す。荒熱が取れたら一握りずつ円錐形にして細い方が手元にくるようにし、何枚もの葉で包んでイグサで括る。茹でて砂糖醤油で食べる。新婚を迎えた家では、米5合分の大きな「ちまき」を1対作り、「ふんぐり」とショウブやヨモギをそえて婿の里に贈る。「ふんぐり」は柏餅のことで、蒸した米の粉団子を指の形が付くように握り、柏か朴の葉で「ふぐり（陰嚢）」を模して包み、イグサで巻いて吊り下げられるように作る。「ちまき」と「ふんぐり」は子孫繁栄を意味していた。

⑤半夏生の小麦餅（はげっしょう餅）

　夏至から数えて11日目（7月1日頃）を「半夏生」といい、小麦の収穫もすみ、田植えも大方すんだ頃で、骨休みに作るのが小麦餅。この餅はもち米と半つぶしの小麦を半々にして蒸し、杵で搗いた餅。小麦は餅に搗きにくいが、日持ちがする。豆の粉（黄な粉）を付けて食べる。

⑥秋休みの「くるみ餅」

　大和高原（山添村）の農家では、かつて11月30日を秋休みといって農作業の慰労と作物の収穫に感謝する日であった。この日の御馳走は、青豆（青大豆）をやわらかく煮て石臼でなめらか挽いた"くるみ"（あえ衣・餡）に、餅をまぶした「くるみ餅」である。今ではミキサーがあるが、昔は重い石臼を回して摺り潰すので、1年に一度という御馳走であった。

　餅はもち米を蒸して唐臼で搗き、1口大に丸めて緑色の餡をまぶす。刈り入れを手伝ってくれた人には必ずお礼として配った。

⑦祝儀・不祝儀の「しんこ」

　法隆寺のある斑鳩地方では、祝い事や仏事に「しんこ」を作る。米粉ともち粉を混ぜて水で捏ねてコシキで蒸し、浅い桶に移して掌でよく搗き込んで団子にする。これを鉄製の"ねじり型"に入れて成形し、さらにもう一度コシキで蒸す。食べる時は砂糖を付ける。今日では鉄製の"ねじり型"も探すのが難しいが、「しんこ」は捻じれていることに意味があるようだ。

知っておきたい郷土のお菓子

● **ぶと饅頭**（奈良市）　餅飯殿通りに江戸後期創業の萬々堂通則が作る。春日大社の神饌として知られる唐菓子「餢飳」を模した銘菓。神饌は米粉だが、小麦粉で作り、餡ドーナツのような現代風の味に仕上げてある。

Ⅱ　食の文化編　　107

- **青丹よし**（奈良市）　元禄年間（1688〜1703）創業の千代の舎竹村の奈良銘菓。和三盆と吉野葛を使い、寒梅粉入りの干菓子で緑と薄紅の2色がある。奈良を表す枕詞を菓名にしたもので、江戸時代中期に有栖川宮の命名。

- **さつま焼き**（奈良市）　1897（明治30）年創業の春日庵の銘菓。漉し餡を小麦粉と卵で作った芋形の皮で包み、1つずつ竹串にさして焼き上げるので、串の穴が残る。手作りのため、形や焼き色が違うのも楽しい。

- **火打ち焼き**（奈良市）　1699（元禄12）年創業の千代の舎の期間限定の銘菓。春日大社の神饌である唐菓子の「餢飳」をヒントに作られ、当初春日大社前で茶店を営む同店が売り出した。最初は米粉の皮で味噌餡を包み表面が焼いてあったが、現在はういろう皮で大納言の粒餡が包まれている。

- **三笠山**（奈良市）　丸いカステラ生地で餡を挟み、奈良の三笠山に例えた奈良銘菓。関東でいう「どら焼き」。湖月では、毎年4月19日の林神社での饅頭まつりに、直径が32cmの巨大な「みかさ」を奉納している。

- **蘭奢待**（奈良市）　「おくた」が和三盆と吉野本葛で作る干菓子。東大寺正倉院に収蔵されている香木の木目を表している。天下第一の名香につけられた「蘭奢待」には、東・大・寺の文字が隠されている。

- **みむろ**（奈良市）　1844（弘化元）年創業の白玉屋榮壽の一子相伝最中。大和産もち米の皮に、土地の大納言小豆の餡を詰めた角形の最中で、三輪明神参詣者のために創製された。「みむろ」は三輪明神の御神体山「三諸山」に因む。

- **御城之口餅**（大和郡山市）　天正年間（1573〜92）創業の菊屋の銘菓。粒餡を薄い餅で包み青大豆をまぶした小さな餅。豊臣秀吉を迎える大茶会に献上し「鶯餅」の名を賜った。その後、城の入口で売っていたことから、「御城之口餅」とよばれた。「鶯餅」の本家本元。

- **中将餅**（葛城市）　當麻寺の中将姫と、寺の名物・ぼたんの花びらを模したヨモギの餡つけ餅。当麻名物で、昔ながらの手法で作られた素朴な草餅。

- **吉野拾遺・吉野懐古**（吉野町）　松屋本店の葛菓子。後醍醐天皇ゆかりの名を冠した「吉野拾遺」は葛粉に阿波和三盆糖を練り込み、桜の花型で打ち出した葛湯。「吉野懐古」は曲物に入った桜の干菓子で、吉野の

桜に因む。

- **きみごろも**（宇陀市）　長谷寺の御用を勤める松月堂の銘菓。卵白を泡立て寒天で固め、サイコロ状にして黄身の衣を付けて焼いたもの。
- **宇陀五香**（宇陀市）　1902（明治35）年創業の田中日進堂の銘菓。小豆、葛、抹茶、ごま、桂皮末を加えた五色の落雁生地で粒餡を包んだ郷土自慢の菓子。
- **森野旧薬園**（宇陀市）　葛切り、葛饅頭の原料の葛は吉野が本場で、森野吉野葛本舗（森野旧薬園）は、日本の葛粉製造の元祖である。良質の地下水に恵まれて400年前から栽培製造され、天皇の即位式には吉野葛が供えられた。森野旧薬園は東京の小石川植物園と並ぶ最古の植物園で、現在も栽培製造が行われている。

乾物 / 干物

葛きり

地域特性

　紀伊半島の内陸部に位置し、奈良盆地、大和高原、紀伊山地からなり、平野部が少なく、耕地面積も少なく、大きな産物などには恵まれていない。奈良盆地は内陸性気候で降雨量も少なく、降雪も少ない。観光地である一方、大阪、京都に隣接していることから県外への通勤通学も多く、サラリーマンも多い。

　吉野山地は、吉野千本桜に見る吉野山から熊野古道に通じる山岳信仰の霊地として世界遺産にもなっている。山間地は多雨地帯である。県北、県南では気候も違い、人口の90％は奈良盆地に集中し、世界遺産のある古都奈良は文化遺産や仏教、仏像建造物など歴史的遺産群が多く、誇示している県である。

　歴史的には天皇家の陵をはじめ、神武天皇を祀る橿原神宮、石舞台、飛鳥寺、さらには古墳群が多くあり、近代の工業用開発や生産工場の建設などを展開できない状況にある。海がなく、山間地の生産性はほとんどなく、自給自足状態である。

　古い歴史から、農作物には伝統野菜があるが、生産まではいかない。魚介類は、塩乾物の棒たらや若狭湾から運ばれてくる干物が消費され、吉野川では川魚、アユ、ウナギ、アマゴ、カワカニなどが捕れる。

知っておきたい乾物 / 干物とその加工品

春雨　　春雨のルーツは中国で、日本には鎌倉時代に禅宗の普茶料理と共に伝来し、精進料理に使われたのが始まりといわれている。中国では粉条子、粉絲、韓国ではタンミョンと呼ばれる。昭和初期には「豆麺」という名で輸入されていた。

　さつま芋、じゃが芋のでんぷんを原料にして作られる日本の春雨は奈良県桜井市の素麺業者が三輪地区の手延べ素麺の閑職期の副業として生産す

るようになり、奈良県桜井市と御所市近郊は昔から三輪手延べ素麺の産地
として栄え、その技術によって、1937（昭和12）年ごろから生産が始まり、
今は全国の60％以上を生産している。

凍結春雨　　春雨は、でんぷんを熱湯で撹拌し、水分を天気や気温、湿
度などをかんがみながら、これを団子状に練り上げ、銅製の
容器に流し込むと、容器の下からでんぷんが糸状になって落ちてくる。受
け止めるのは、数ｍはある熱湯の釜で、この中で茹でられることで春雨
は半透明になり、この釜から水の中で晒し、一定の長さにたぐり寄せ、管
と呼ばれる棒にかける。

　これをハタと呼ばれる台車にかけて、零下20℃まで徐々に温度を下げ
て、約２日間冷凍する。３日目には冷凍した春雨を大きな水槽の中で解凍
し、夏場なら１時間、冬なら半日、麺同士がくっつかないようにしながら、
天日干しすると、夏なら１〜２日、冬なら３〜４日後に完成する。輪状の
部分をカットして、手作業でほぐしたりするため、手間がかかる。

　じっくりと時間をかけた春雨は茹でても煮崩れせず、白くモチモチした
食感がある。春の雨筋から連想して春雨と呼ばれるようになったと思われ
る。近年は工場も機械化され、連続作業で製造されている。

非凍結春雨　　中国で生産されている春雨のほとんどは、この緑豆ので
んぷんを原料に使って作った非凍結春雨である。細長い形
状は凍結春雨と同じであるが、純白で透明、光沢があり、一定の太さでウ
ェーブがかかっている。

　長時間煮ても煮崩れしない特徴があり、凍結春雨よりも多く出回ってい
る。代表的なブランドに、中国からの輸入品の「龍口春雨（ロンコー）」がある。日本
で市販されている「マロニー」も非凍結春雨である。

＜製造方法＞
　① 混合したでんぷん乳（馬鈴薯でんぷん、甘藷（かんしょ）、コーンスターチなど）
　　をステンレスの板状のベルト体に薄く流す。
　② 薄い膜状にして、熱を加えてアルファ化する。
　③ 巻き取って数時間熟成した後、製麺機カッターで麺線上にカットする。
　④ 完全乾燥する。

　カットすることによって、断面から味付けされるため、料理の汎用性が
増す。さらに透明感を出すときは、ソラマメのでんぷんを20％ぐらい混

入すると、腰は弱くなるが透き通った春雨になり、スープ春雨や、早く戻ることからカップスープなどの新製品として出回っている。

余談だが韓国冷麺は、製造工程は似ているが、原料が馬鈴薯でんぷん、甘藷でんぷん、それに蕎麦粉を加えた非凍結麺で、春雨ではない。韓国ではコクスーと呼ぶ製品である。

葛粉

マメ科の一年草で、クズの根から採るでんぷん質を精製した粉。クズは秋の七草の1つである。葛きり、葛素麺、葛餅など葛粉を利用した製品は、その涼やかな口当たりから夏の涼味として、高級和菓子として扱われている。奈良の吉野本葛は、中でも貴重な食材として生産されている。

葛はツル性の植物で、30〜50年の長きにわたり地下で育ち、根が長さ1m、直径20cmにもなる。中でも本葛は生産量が少なく、高価なため、一般的にはじゃが芋でんぷん、さつま芋でんぷん、コーンスターチなどを混入したものが多い。奈良県のほか、三重県の伊勢葛、福井県の若狭葛、福岡県の秋月葛などが有名である。

葛きり

葛粉を撹拌し、熱を加えた後、氷水に入れて冷し、麺状にして乾燥したものである。奈良県や京都府などで夏の涼味として、黄粉や黒蜜などを付けて食べられており、精進料理などでも登場する。このほか葛粉入り手延べ三輪素麺なども発売されている。

現在市販されている葛きりは、非凍結春雨法によって製造した製品と、葛きり専門の業者が製造したものがある。原理は同じだが、糊化、温度、熟成時間、方法、原料の種類等に差ができる。製造能率も違い、専門業者は高級品を作って直接販売しているが、市販品の工場製品とは違っている部分がある。原料のでんぷん、混合比率、作りかたなども違い、いずれも春雨式の製造方式が多いのが現状である。

甘味喫茶カフェなどが出す葛きりには、自家製の生葛を出す店と乾燥葛きりを茹でて出す店とがある。最高の原料といわれているのが、吉野本葛である。『貞丈雑記』によると、「葛の粉を水に和し、火にて練り、平らな銅の鍋のうちに、練りたる葛を打ち上げて湯気をさます。酒にしたして食べる。くちなしの汁で色を付けたものと付けないものを混ぜて盛る。その黄色と白の美しさから水仙羹とも呼ばれる。水繊とも書くのは細く切るからである。」と書いてある。

また江戸時代の『料理指南抄』に葛きりの製法が記されている。「葛生を粉にしてよくふるい、煮え湯にてよきかげんにこね、丸盆ほどに打ちのべ、切り麦のごとく細く切る。ふり粉にも葛の粉を仕り候、煮湯も煮え過ぎ申さず候ほどにそのまま取り上げ、水に入れ、二三遍も替え、切り麦のごとく、冷やしてなりとも、また温め候には湯をさし申候。」とある。

これが現在の葛素麺といわれている。現在は葛素麺として販売されているものは、でんぷんを煮て糊を作り、それをこねて製麺機にかけ、製麺したものである。手延べは油返しのときに油でなくでんぷんをふり、葛は練り込んでいる。麺の状態では白いが、茹でると透明になり、細くして葛素麺、板状にして葛きりと使い分けている。

三輪素麺　奈良の三輪素麺の歴史は古く、日本人と小麦の出合いは弥生時代の古墳から発見されているが、麺文化につながる素麺についての出合いは奈良時代になる。

中国の唐の時代、遣唐使や仏教僧などにより、高麗の国から奈良の都三輪に伝えられたといわれている。それは、米や豆、小麦粉をこねて胡麻油やはちみつなど水あめに混ぜて油などで揚げた「唐菓子」に始まる。しかし、当時はまだ穀物の生産が難しく、粉に挽くという文化や技術もなかったため、一般化しなかった。

平安時代になって、宮廷の儀式の饗応として菓子類が草餅、ちまきなどが出てきた。素麺は唐菓子から麦縄、「索麺」であり、小麦粉を練って細長く延ばす菓子の一種として登場するに至る。現在見られる発祥は山全体を御神体とする三輪山の里（現在の桜井市）で売られていたという説が、『今昔物語』『和名類聚抄』に登場している。このときは「餛飩」と書いた小麦の練り物（うどんの語源）から素麺になったという説が取り上げられている。

麺のルーツは空海がもたらしたとする説がある。806年に空海が唐から帰国した際に、仏に献食する品として「麦縄」が記されている。また、927年に出た『延喜式』には、「索麺」が7月7日の星祭、今の七夕の儀式に供されたと記載されている。平安初期にはこうして、唐菓子とは別に、精進の麺が登場し、広がったのではないかとの説もある。

仏教では、来世の幸福を願うためには、身を清め、精進しなければならない。「物忌」の日を設け、食べ物も「清進もの」に限る。そこで選ばれ

Ⅱ　食の文化編　　113

たのが、普段食べている米や雑穀の粒食とは異なる特別な粉食の麺類だった、というのである。鎌倉時代から室町時代にかけて、中国から禅宗と共に、禅林で食べる軽食の点心や茶子が伝えられた。『庭訓往来』に記された食品名には「索麺」「饂飩」「碁子麺」の名前がある。まさに空海が伝えた「麦麺」の子孫である。この時代、仏教が民衆に急速に広まっていくが、その布教に活用されたのが、こうした麺類だったという。まさに庶民にとっては特別な精進ものだった麺類を寺で打って信者に振る舞ったのである。今でも全国の寺院や神社に、素麺やうどんが登場する行事や祭礼が多いのは道理である。

なお、手延べ素麺の製造過程などについては、日本では生産量の一番多い兵庫県の頁で記載する。

わらび粉（蕨粉）

山野に自生するワラビの根からとったでんぷんが「わらび粉」である。奈良県のほか、岩手県、秋田県などでも、山間地で農家の副業としてわずかだが生産していた。昔は囲炉裏の火の上、居間において乾燥したため、茶色の灰の色が付き、特有の香りと味があった。その後、山村の過疎化や自生地の整備改造などにより、生産面積が減り、今は中国から輸入して日本で精製したりしながら原料の確保をしている。和菓子の原料として本わらび粉は粘りが全でんぷんの中でも強いため、糊として、傘や提灯の貼りなどにも使ったが、和菓子の「わらび餅」の原料に多く使われている。

奈良わらび餅

古都奈良の銘菓で、「和」のスイーツを代表するわらび餅に使われるのは、山菜のワラビの根っこから採る希少なわらび粉である。根をたたき、何度も水にさらし、手間をかけて採取した貴重なでんぷんである。天日干しした甘藷でんぷんと国産わらび粉を混ぜて作った口どけのやさしい素朴な味が、伝統の甘さとして残っている。わらび粉は希少で、1kgあたり2～3万円もする高価なでんぷんである。

宇陀大納言小豆

奈良県宇陀地区在来のアズキの品種である。1950年代に県の奨励品種として作付けされたが、収穫と選別に手間がかかるため作付けが減少してきていた。その後、造成農地開発や兼業農家、高齢化作物として遊休地活用農業の条件に合った土地利用作物と見なされ、栽培が進んでいる。

114

宇陀大豆　宇陀地域在来大豆の黄大豆である。昼夜の気温差が大きいことがダイズの栽培に適しているといわれ、コクとうま味のある大豆として、宇陀郡神戸村（現宇陀市）を中心に集落の物産として作られ、現在農産生活物資として促進されている。このほか、鉄砲大豆など産地在来がある。

奈良在来青大豆　奈良県の中山間地域で奨励栽培されている在来の青大豆である。色合いと優しい甘みが特徴で、黄粉や豆腐の原料として使われ、茹でて浸して豆にしたり、炊いた豆を餅に入れたりして食べられている。郷土料理である「黄粉雑煮」は、香りがよいことから人気がある。

白とろす　奈良県宇陀地域在来の白インゲン豆の品種である。形は長いものから丸いものまでさまざまで、煮豆にするとトロ味が出ることから、「とろす」と名付けられている。

大和のつるし柿　奈良県の柿の産地である五條市の吊るし柿。同市南部、旧西吉野村を中心に広がる柿畑には、山の斜面に刀根早生や富有柿などの木々がある。所々に見られる高い柿の古木は、法連坊柿といわれる。小粒の渋柿を吊るそうとして長い間守られてきた古い品種だ。

柿の実から伸びる枝を残し、ひもがけして吊るす。柿の大木にはしごをかけて登り、はさみで1つずつ切りはなし、枝を残してヘタを取る。大中小に大きさを分け、皮をむく。地元では「はだける」と軸に紐を通す作業を経て、吊るす。最後に熱湯に浸けて表面の渋を取り、外で干す。冷風にて冬の乾燥をする。

色は黒いが味がよく、味はまさに大和の吊るし柿。伝統の干し柿である。同市西吉野町の農家の生産物が正月のしめ縄、鏡餅などの飾りに使われる。冬の金剛山や吉野の山並みに見渡せる干し場に連なるオレンジ色の柿は、まさに冬の風物詩である。

Ⅱ　食の文化編

Ⅲ

営みの文化編

伝統行事

若草山山焼き

地域の特性

奈良県は、近畿地方の中央部に位置する内陸県である。県中央を流れる吉野川を境に、県域は、北部の低地と南部の山岳地に分けられる。北部の大和川流域には奈良盆地が広がり、平城山丘陵と笠置・生駒・金剛などの山地に囲まれる。南部山岳地は、紀伊山地中央部にあたり、県の面積の6割以上を占める。そこから吉野川・北山川・十津川が流れ出し、山間に険しい地形を刻みながら吉野川に合流する。気候は、地域差が大きい。

奈良盆地は、飛鳥・奈良時代には都が置かれ、「国のまほろば」とうたわれた。古代の文化の中心地として栄え、法隆寺・東大寺・春日大社など多くの寺社が建立された。

平成22（2010）年には、平城遷都1300年。記念行事のひとつとして、大極殿の再建が成った。

長い歴史にはぐくまれ、いまに伝わる伝統工芸も数多い。代表的なものとして、奈良晒、赤膚焼・茶筅などの茶道具、筆・墨、一刀彫、漆器、手すき和紙、吉野杉の曲げものなどがある。

行事・祭礼と芸能の特色

内陸の奈良盆地、古都奈良では「山」を崇める信仰が根づいた。たとえば、大神神社は神殿（本殿）をもたない。三輪山を神奈備山としているからである。古くは、多くの神社がそうした霊山遥拝のかたちをとっていたに相違ないが、これだけはっきりと伝える例は少ない。また、奈良盆地の山際には、山口神社が数多く存在する。これも、社殿は山麓に建つものの山を神体と崇めるかたちである。それほどに明確ではないまでも、山を意識した行事や祭礼が各所にみられるのも奈良県ならではのことである。

伝統的な芸能（国の重要無形民俗文化財）に、題目立（山辺郡）・春日若宮おん祭の神事芸能（奈良市）・十津川の大踊（吉野郡）・陀々堂の鬼は

しり（五篠市）・奈良豆比古神社の翁舞（奈良市）がある。また、奈良市内の神社では、まつりの日に拝殿などでの相撲神事が伝えられているのも注目に値することである。

主な行事・祭礼・芸能

若草山焼

若草山は、奈良市東部にある丘陵で、全山が芝生に覆われている。毎年1月15日（昭和25＝1950年以前は2月15日）にこの芝を焼き払うのが若草山焼である。

その起源には諸説ある。三社寺（春日大社・興福寺・東大寺）に伝わる説によれば、若草山頂にある前方後円墳（鶯塚古墳）の霊魂を鎮める杣人（きこり）の儀礼であっただろう、という。また、若草山一帯をめぐる春日大社・興福寺と東大寺の領地争いが元である、との説もある。春の芽生えをよくするための原始的な野焼きの遺風を伝えたものである、ともいわれる。

現在は、東大寺・興福寺の僧侶が浄火を山麓の野上神社にもたらし、春日大社の神官が山焼きの無事を祈って祭典を行なったあと、午後6時に点火する。約33ヘクタールに及ぶ全山が火の海となり、冬の夜空に山容が浮かび上がるさまは壮観である。

春日大社の祭礼

春日大社（奈良市）は、平城遷都後まもなく藤原氏により現在の地に創建された。

万燈籠 2月3日、および8月14日・15日に行なわれる行事。本社境内に連なる3,000基余りの石燈籠や金燈籠に火を灯す。浄火を献じて、神にさまざまな祈願をするのである。2月のそれを「節分万燈籠」、8月のそれを「中元万燈籠」と呼んでいる。

石燈籠には、全国で2番目に古いとされる藤原忠通奉納のユズの木をかたどった柚木燈籠（1136年）や、藤原頼通寄進といわれる琉璃燈籠（1038年）をはじめ、御間型・雲朴型・西の屋型・奥の院型・臥鹿型など、古い様式のものが数多くみられる。また、金燈籠にも、鳴蝉燈籠・鬼面燈籠などの型があり、そのさまざまな技巧の取り合わせが注目されている。

それらの燈籠は、平安時代より今日に至るまで、その大半は春日大社を崇拝する人びとから、家内安全・商売繁盛・武運長久・先祖供養などの願いをこめて寄進されたものである。とくに室町末期から江戸時代にかけて

Ⅲ　営みの文化編　　119

は、一般庶民や春日講中からの寄進が多かった。

昔は、燈籠を奉納するとき油料も納められており、その油が続くかぎり毎夜灯されていた、という。明治になって、神仏分離や神社制度の変革などで一時中断したものの、節分の夜は明治21（1888）年に、中元の夜は昭和4（1929）年に再興され、今日の万燈籠のかたちとなった。

室町時代や江戸時代には、奈良町の人びとが春日参道で雨乞い祈禱として万燈籠を行なっていた、と伝わる。たとえば、興福寺大乗院の僧侶の文明7（1475）年の日記には、「祈雨のため、南都の郷民、春日社頭から興福寺南円堂まで、燈籠を懸く」と記されている。当時は、木の柱に横木をつけ、それに行燈か提灯を懸けていた、とも伝わる。

御田植祭　3月15日（もとは正月8日以降の申の日）に、本社の林檎の庭と榎本神階下、若宮神社前の3カ所で行なわれる神事。平安末期の長寛元（1163）年より続き、古くは1月8日以後の申の日が式日であったが、明治5（1872）年から現在の日に定められた。

当日、田主・牛男・神楽男・八乙女たち奉仕者がお祓いを受けたあと、田植え（模技）を奉納する。田主が鍬を使って耕す所作を行ない、牛の面をつけた牛男が唐鋤や馬鍬を引くというもの。その後、神楽男の歌と楽（笏拍子・銅拍子・神楽笛）にあわせて、八乙女の田植舞が行なわれる。緋袴に緋縮緬のたすきをかけ、菅の網笠を腰につけた八乙女が、早苗に見立てた苗松を持ち、「若苗植えそよ、苗たね植えそよ」などと歌いながら田植えの所作をする。このとき、御巫の手によって播かれた稲籾（実物）は、福の種子として参詣者に授与される。

春日祭　3月13日に行なわれる春日大社の例祭。天皇の名代である勅使の参向を仰ぎ、国家の安泰と国民の繁栄を祈願する。葵祭・石清水祭とともに天下の三大勅祭といわれる。

そのはじめは、仁明天皇の嘉祥3（850）年と伝わる。清和天皇の貞観元（859）年、11月庚申の夜に行なってからは、毎年春（2月）と冬（11月）の上の申の日に祭日が定まり、「申祭」とも呼ばれるようになった。明治になって一時中断されたが、明治19（1886）年に再興され、今日の祭日に改められた。

当日は、朝9時から御扉開き神事が行なわれる。これは、扉を開く前に8種の神饌を供え祝詞を奏するという神事である。

10時過ぎ、勅使以下が斎館を出て、本社に向かう。この勅使参向の行列が、このまつりの呼びものとなっている。そして、祓戸の儀、着到の儀を経て、幣殿・直会殿で御棚奉奠（16種の神饌を黒木棚にのせる）、御幣物奉納・御祭文奏上・神馬牽廻・和舞奉奏・饗饌・見参・賜禄と行事が続く。祭儀がすべて終了するのは、正午過ぎである。

　神饌の内容や儀式の作法などに古い形式を伝えていることや、古風な舞楽を残していることからも、注目されるまつりである。

春日若宮おん祭　春日大社の摂社若宮で12月17日から18日にかけて行なわれるまつり。崇徳天皇の御世に大雨洪水による飢餓が相次ぎ、疫病が蔓延したため、時の関白藤原忠通が、保延1（1135）年、現在地に大宮（本社）と同じ規模の神殿を造営。翌2年9月17日に春日野原に御旅所を設け、そこに若宮神を勧請して祭礼を奉仕したのがはじめ、という。その霊験はあらたかで、長雨洪水も治まったため、以後は、五穀豊穣と万民安楽を祈り、大和の国をあげて盛大に執り行われるようになった。870有余年にわたって途切れることなく続き今日にいたっている。

　祭祀は、17日の午前0時に若宮を迎える「遷幸の儀」ではじまり、18日の午前0時前に若宮から還す「還幸の儀」まで、24時間にわたって行なわれる。その中心は、17日の正午からの「お渡り式」である。行列は、奈良県庁前から春日大社参道にある御旅所へ向う。

　お渡り式は総勢500名にも及ぶ大行列である。その順序は、第一番日使・第二番神子・第三番細男他・第四番猿楽、第五番田楽・第六番馬長児・第七番競馬・第八番流鏑馬・第九番将馬・第十番野太刀他・第十一番大和士・第十二番大名行列。途中、一の鳥居そばの影向の松（春日大明神が降臨したと伝わる神木）にさしかかると、そこでそれぞれが持ち芸の一部を松に対して奉納する。たとえば、細男は笛・篳篥を吹き、田楽はササラ・刀玉・高足の一節、猿楽はワキ方の開口・シテ方3人の弓矢立合・狂言方の三笠風流を演じる。また、大名行列は、奴振りの妙技を演じる。

　午後3時ごろ、行列が御旅所に入り祭典を行なったあと、神前芝舞台で夜更けまで数々の芸能が演じられる。東遊・社伝神楽・田楽（演目は、ささら・刀玉・高足・それに比擬開口と呼ぶ祝賀舞）・細男（浄衣・覆面の舞人が鼓を打って舞台を巡り、また素手の者が袖をとり、両手を前に合

Ⅲ　営みの文化編　　**121**

わせて巡る）・舞楽（南都舞楽の伝統を受け継ぎ、左方舞が特徴）・猿楽（翁の略式舞および三番叟の鈴の段）・倭舞などである。

それが終わると還幸の儀となり、列を整えて若宮本殿に還御。神楽殿で巫女神楽が奉納される。

なお、こうした一連の芸能は、「春日若宮おん祭の神事芸能」として、昭和54（1979）年に国の重要無形民俗文化財に指定されている。

綱掛祭
奈良県下に広くみられる行事。正月7日・10日・15日などに行なわれる。「綱打講」とか「綱掛講」と呼ぶところもある。

一般的には、太い綱を打ち、蛇のとぐろを巻いたかたちにして、拝殿にすえて祭儀を行なう。それがすむと、社前の神木にこれをかけ渡す式が行なわれる。綱掛祭の行事内容は、ところによってさまざまである。

田原本町伊与戸で行なう旧正月10日の綱掛祭では、えくぼ餅という中央のくぼんだ白い丸餅と、白米を年の数だけ白紙に包んで紙縒で結びつけた茅を月の数だけ供える。ほかに若餅と称する搗きたての餅も供える。

また、桜井市の江包と大西の集落では、雄雌2本の大綱を掛ける行事が行なわれ、これを「お綱はんの嫁入り」などと呼んでいる。昨年の実りをいただいた稲の藁で雄綱（男綱）と雌綱（女綱）をつくり、その両綱を結合させることで当年の五穀豊穣と子孫繁栄を祈願するのである。

飛鳥川の上流域にある稲渕と栢森の集落では、正月11日に川にカンジョウナワ（勧請縄）と呼ばれる綱を掛け悪霊の侵入を防ぐカンジョウガケが行なわれる。稲渕の集落の下には男綱を、栢森の集落の下には女綱を掛け渡す。これは、栢森のさらに上流にある女渕と、そのまた上流にある男渕の龍神を象徴するもの、とされる。

砂掛祭
2月11日に行なわれる広瀬神社（北葛城郡）の御田植祭。奉仕者と参拝者が砂を掛けあう大和の奇祭として知られる。その起源は古く、天武天皇が在位4年の675年に、この地に水の神を祀り、五穀豊穣を祈願する「大忌祭」を行なったのがそのはじめ、という。

当日は、境内に忌竹を立てて注連縄を張った御田を設け、氏子が扮した牛と牛遣いが田を耕し、松葉でつくった苗を植える。参拝者たちは、牛役に斎庭の砂を激しくかける。砂は雨を象徴し、砂掛けは雨乞いの意味がある、という。砂を多くかけるほどその年はよく雨が降る、といわれている。かつては、このまつりのために大和川から砂をわざわざ運んだというが、

現在は砂地が整備されている。

終了後、参拝者に松苗と田の字を描いた田餅が撒かれる。松苗は、播種のときに苗代の水口に刺して発芽と豊穣を祈る。田餅は、これを食べて無病息災を願う。

大神神社祭
おおみわ

4月9日に行なわれる大神神社（桜井市）の例祭。古く崇神天皇のころにはじまる、と伝わる。平安時代、醍醐天皇のころから大神祭と称し、毎年4月と12月の上卯の日を祭日として、勅使が参向して盛大な祭儀が執り行なわれた。明治以降、4月の祭事は現在の日に改められたが、12月のそれは秋季祭と改称して10月24日に行なわれるようになった。

当日は、まず祭礼行事として奉幣使による幣吊の奉献などがあり、午前10時ごろから、巫女4人による古伝の神楽舞が奉納される。この舞は、『崇神紀』所載の「この御酒は、わが御酒ならず、やまとなす、大物主の、かみし御酒、いくひさいくひさ」という酒寿の歌に合わせたもの。舞女は、手に三輪の杉を持つので、「杉の舞」ともいわれる。

午後は、供饌の儀などが行なわれ、そのあと摂社大宮若宮へ神幸しての神幸祭が営まれる。

題目立
だいもくたて

八柱神社（奈良市）の祭礼で奉納される芸能。10月12日の宵宮祭の日に宮座入りしたかぞえ17歳の若者を中心に演じられるもので、成人儀礼の意味合いをもつ。

神社本殿と参籠所、社務所に囲まれた庭に、竹垣で囲った小さな舞台を仮設し、烏帽子に直垂姿の8人ないし9人の若者が、長い物語の詞章を謡うように語り継いでいく。音楽も所作も伴わず、独特の節回しで語られる素朴なものであり、語りものが舞台化した初期のかたちを伝えるもの。中世の芸能の姿をうかがわせるもの、といわれる。

題目立がいつごろからはじまったのかは定かでないが、寛永元（1624）年ごろの詞章本が残されており、近世初期にはこの地で題目立が行なわれていたことがうかがえる。以来伝わるのは、源平合戦を題材にした「厳島」「大仏供養」「石橋山」の3曲であるが、このうち上演されるのは、「厳島」か「大仏供養」。また、造宮といって八柱神社の社殿の建て替えや修理が行なわれると、その年から3年は「厳島」を奉納する習わしになっている。

なお、題目立は、昭和51（1976）年、文化財保護法の改正によって制定された国の重要無形民俗文化財の第1回の指定を受けている。また、平成21（2009）年には、世界無形文化遺産に登録された。

談山神社蹴鞠祭 藤原鎌足を祭神とする談山神社（桜井市）で毎年春（4月下旬）と秋（11月上旬）に行なわれる。鎌足が中大兄皇子と蹴鞠を通して友情を深め、「大化の改新」につながる「乙巳の変」を計画したという故事に由来する、といわれる。

十三重塔（重文）を仰ぐ「蹴鞠の庭」で、京都市から迎えた蹴鞠保存会の8人が、烏帽子に袴という古式のいでたちで円陣をつくり、「アリ」「ヤア」「オウ」という独特の掛け声で足技を披露する。鹿皮の白い鞠が飛び交うたびに、参拝客たちの歓声があがる。

ハレの日の食事

海から離れた奈良盆地では、古くは、盆と正月とまつりのときだけに魚をふんだんに食した、という。この地方では、「時折」のことを「ときょり」といい、ハレの日の魚は、「ときょりの魚」といわれた。半夏至（夏至から11日目）にはタコ、盆にはトビウオとサバ、秋まつりにはエソを食べた。そのほかの行事日には、イワシがよく食されてきた。

いまでは名物として通年的に販売されている柿の葉ずしであるが、古くから夏まつりの時期につくられ食された。酢飯や酢漬魚をカキの葉で包んで、さらなる防腐を期したのである。

寺社信仰

金峯山寺蔵王堂

寺社信仰の特色

　奈良県は日本の寺社文化発祥の地といっても過言ではない。3～9世紀頃には文化や政治の中心地であり、膨大な数の神社仏閣が創建された。現在、200件近くの建物や仏像が国宝に指定されている。

　その奈良でもとりわけ発祥の地とされるのが桜井市の三輪山である。山麓には日本最古級の前方後円墳である箸墓古墳や、崇神天皇・景行天皇の陵とされる古墳がある。山全体を大物主大神（三輪明神）が鎮まる神体として祀る大神神社は大和一宮で、記紀にも記載があり、拝殿をもたない古神道の祭祀形態から、日本最古の神社と称される。

　日本で初めて寺が建てられたのも三輪山に近い飛鳥と考えられている。『日本書紀』によれば552年の仏教公伝で献上された仏像は、蘇我稲目が向原の家を浄捨した寺に安置されたという。明日香村の向原寺がその伝統を今に受け継ぐ。日本最古の本格的寺院とされる飛鳥寺も同村にあり、蘇我馬子が593年に塔を建てた法興寺の後身と伝え、飛鳥大仏が現存する。法興寺の後身としては奈良市の元興寺もあり、篤い信仰を受け継いで〈元興寺庶民信仰資料〉†などを伝承している。

　607年創建と伝える斑鳩町の法隆寺も古く、638年創建の法起寺とともに、世界遺産「法隆寺地域の仏教建造物」に登録されている。

　710年に平城京が開かれた奈良市にある興福寺・春日大社・薬師寺・元興寺・東大寺・唐招提寺は世界遺産「古都奈良の文化財」に登録されている。興福寺は669年創建の山階寺が前身とされ、710年に現在地へ移転したという。これに付随して春日大社が768年に創建された。同社には〈春日若宮おん祭の神事芸能〉†が伝承されている。薬師寺と元興寺は718年の移転と伝える。東大寺は733年創建の金鐘寺が前身で、742年に大和国の国分寺に充てられたという。唐招提寺は759年に創建された。

　日本初代天皇の神武天皇を祀る橿原市の橿原神宮は1890年の創建。

凡例　†：国指定の重要無形／有形民俗文化財、‡：登録有形民俗文化財と記録作成等の措置を講ずべき無形の民俗文化財。また巡礼の霊場（札所）となっている場合は算用数字を用いて略記した

主な寺社信仰

奈良豆比古神社

奈良市奈良阪町。京都府との境をなす平城山の東端に鎮座。当地は志貴皇子（天智天皇第7皇子、施基親王、春日宮天皇、光仁天皇の父）が療養した春日離宮跡と伝え、樟の巨樹が自生している。中殿に平城津彦を祀り、左殿に志貴皇子、右殿に春日王（施基親王の第2皇子、矢田原太子）を祀る。春日様、矢幡様、明神様などと親しまれ、20年ごとの御造替が氏子によって戦中も欠かさず行われてきている。10月8日夜、秋の例祭の宵宮には、町内の翁講が〈奈良豆比古神社の翁舞〉[＊]を奉納する。この翁舞は3人の翁の立ち合いによる特異な形態で、能楽の源流であると考えられている。春日王の子に浄人王があり、散楽俳優を好んで猿楽を発展させ、弓削首凤人の名と位を与えられ、当社の神主を勤めたという。当社は歌舞・音曲・芸能の司神としても崇められてきた。

法華寺

奈良市法華寺町。光明皇后が父（藤原不比等）から受け継いだ自身の宮を745年に寺としたのが始まりで、後に大和国の国分尼寺（法華滅罪之寺）に充てられ、日本の総国分尼寺になったとされる、尼門跡の寺である。760年には境内に阿弥陀浄土院を創建し、翌年、光明皇太后の一周忌を営んだ。13世紀に叡尊が復興して以来、真言律宗の道場であったが、1999年に独立して光明宗を開いた。本尊は国宝の木造十一面観音立像で、光明皇后が蓮池を歩く姿を写したとの言い伝えがある。17世紀に高慶尼が住して寺観を整えた。その時につくられた庭園は国名勝となっている。境内には蒸気導入方式の入浴施設〈法華寺のカラブロ〉[＊]が残されている。昔は6月7日の光明皇后命日などに湯施行が行われていた。

白山神社

平群町福貴。平群から大阪府八尾市神立へと至る十三街道（業平道）の入口に鎮座。慈尊山福貴寺（富貴寺）の鎮守社として白山大明神を祀ったのが始まりと伝える。福貴寺は法隆寺夢殿を再建した伝燈大師道詮律師の創建で、最盛期には60坊を数えたという。寺は明治時代に廃されたが、境内には三明院弥勒堂が残り、近隣の大和北部88-44融通念仏宗地蔵寺ももとは塔頭であったという。後に森垣内の小森神社と栗坪垣内の三十八社神（子守神社）を合祀し、今は伊弉諾尊・

伊弉冉尊を祀っている。十三街道の大和国と河内国との境には〈生駒十三峠の十三塚〉†が残る。稜線上に13個の塚が南北に列状をなし、列中央が最高所で、高さ3m、径6mの王塚（親塚）が築かれている。王塚は五十鈴媛命の御陵で、雨乞いや治病に霊験があるが、触れると祟りがあると伝える。

八柱神社

奈良市上深川町。字堂ノ坂に鎮座。高御産日神・神産日神・生産日神・足産日神・大宮売産神・玉積産日神・事代主神・御食津神の8神を祀り、昔は八王子社と称された。18年ごとに本殿を造り替える。西隣の東寺真言宗元薬寺は昔の神宮寺で薬師如来を祀り、真言宗東大寺戒壇院末であった。2月の春祭は拝殿での例祭に続いて、元薬寺で柳のオコナイが修される。半夏生の翌日に営まれたゲーでは宮座講（氏神講）の人々が社に御飯を供えた後に、寺で光明真言などを唱える。10月12日（昔は旧暦9月9日）の秋祭の宵宮には、宮座入りをした数え17歳の青年たちがユネスコ無形文化遺産〈題目立〉†を演じる。能の源流をなす民俗芸能で、語り物が舞台化した初期の形を伝えると考えられる。厳島・大仏供養・石橋山の3番を伝承。関連資料は境内の上深川歴史民俗資料館にある。

杵築神社

田原本町今里。寺川の右岸に鎮座。社殿の裏は溜池となっている。境内には市杵嶋神社と、融通念仏宗通法山正福寺がある。昔は牛頭天王社と称した。今は須佐之男命と天児屋根命を祀っている。1909年に春日神社を合祀。6月第1日曜日には、東隣の鍵地区の八坂神社とともに、〈大和の野神行事〉‡の一つ、蛇巻が行われる。端午の節供の行事で、昔は旧暦5月5日に行われた。麦藁で全長18mの蛇（竜）をつくり、中学生（昔は数え15～17歳）の男子が頭を担ぎ、当屋・十人衆・子ども会が胴体を担いで各戸を訪れ祝福する。広い道に出ると暴れて蛇体に人を巻き込む。社に戻ると榎の大木に頭を上にして巻き付けて昇り竜とし、根元の八大竜王祠に馬の絵馬や川柳でつくった小型の農具を供える。蛇巻は鍵のほうが先に行い、鍵では蛇を稲藁でつくり、頭を下に巻き付けて降り竜とする。

市杵島神社

桜井市大西。大和川（初瀬川）の西岸に鎮座。市杵島姫命を祀る。例祭は10月21日。1810年に字西越社の八幡神社と三本松の大神神社を合祀。境内には愛宕・稲荷・御綱の各神社と、

一段高い所に御綱堂がある。御綱神社は社殿がなく、自然石のみで、須勢理姫命を祀る。2月11日（昔は旧暦1月10日）の〈江包・大西の御綱〉†の神事では、御綱堂から長さ100m、重さ560kgの女綱（稲田姫）が出て、区内を巡りながら北隣の江包地区の字カンジョにある素盞嗚神社へと向かう。途中の田圃では綱の尾で土俵をつくり、水を撒いて泥田にし、相撲を取る。大和川を渡って素盞嗚神社に着くと、綱先の舟（女陰）形の中央を開いて穴をつくる。この輪に、江包の春日神社から出た男綱の先端を挿し込み、巻綱で締め括ると、鳥居の正面に吊り上げ、入舟式を行う。勧請掛の民俗の一例である。

當麻寺　葛城市當麻。二上山の東麓に建ち、高野山真言宗の中之院や浄土宗の奥院が維持管理にあたっている。転法輪印の阿弥陀如来を中心とする37尊などを描き、『観無量寿経』を図示した当麻曼陀羅（阿弥陀浄土変相図／観経変相図）を本尊とする。7世紀末頃、当麻国見が当麻氏の墓域に国宝・塑造弥勒仏坐像（金堂本尊）を奉安して創建したと推定される。後に中将姫が入り、国宝・綴織当麻曼陀羅図（根本曼茶羅）を織り上げ、29歳の3月14日に生身の阿弥陀如来に迎えられ、西方極楽浄土へ往生したと伝える。5月14日の〈当麻寺二十五菩薩来迎会〉‡（聖衆来迎練供養会式）は西日差す国宝の本堂（曼陀羅堂・極楽堂）から観音・勢至などの菩薩が来迎橋を渡り、娑婆堂へ姫を迎えに行く行事で、当麻出身で『往生要集』を著した恵心僧都源信が1005年に始めたという。

吉祥草寺　御所市茅原。葛城山の東麓に建ち、修験道開祖の役行者の生誕地と伝える。本山修験宗。行者が開いた寺とされ、開山堂には行者がみずから刻んだという32歳の像や、母公（白専女）の像が安置されている。鎮守の熊野権現社の前には産湯の井戸があり、行者降誕の際に香精童子が灌浴した大峯の瀑水が滴って井戸になったと伝える。往時は東西4km・南北5kmの境内に49院を擁して隆盛を極めたが、1349年の兵火でことごとく灰燼に帰したという。現存本堂は1396年の再建で、不動明王を中心とする五大尊を安置している。毎年元旦から修正会を執行し、結願を迎える1月14日晩には、近畿地方無双の火祭、〈茅原のとんど〉‡（左義長）が盛大に営まれ、高さ6m・径3mの大松明2基を恵方から燃やして一年の豊凶を占う。この火をいただいて帰り、翌朝に小豆粥を炊いて食べる風習がある。

人麿神社
ひとまろ

橿原市地黄町。万葉歌人で三十六歌仙の柿本人麻呂を祀る。葛城市柿本の柿本神社から分祀したと伝え、人丸大明神社や柿本人丸神社とも称された。当地では漢方の薬草である佐保姫（地黄）が盛んにつくられていた。桜池（地黄池）の畔には若宮社と称する小祠があり、玉津島明神（衣通姫尊）が祀られている。昔はその西隣に観音堂があり、武蔵国浅草寺の本尊があったという。5月4日に行われる〈地黄のススツケ行事（ノグッツァン）〉では、境内で子どもたちが煤や墨を付けられて真っ黒になる元気な姿がみられたが、墨付けは2011年から中止されている。この行事は野神（農神）様とよばれる祭で、墨付けの後、子どもたちは当屋の家に籠り、翌未明、牛馬や鍬鋤を描いた板、鰤の尾頭、蛇巻を持ち、集落を抜けた北側の森へ行き、神木の野神様に奉納して豊作を祈願する。

龍穴神社
りゅうけつ

宇陀市室生区室生。女人高野室生寺の奥、室生川沿いに鎮座。善女龍王（高龗神）を祀る。本殿は春日大社の若宮旧社殿を移したという。上流には龍神が住むという妙吉祥龍穴があり、そこが奥宮となっている。仙人橋付近の沙羅吉祥龍穴、室生寺金堂奥の持宝吉祥龍穴とともに三龍穴とよばれ、川上にある天の岩戸や室生寺御影堂付近の護摩の岩屋などの六岩屋とともに九穴と称される。善女竜王が飛来した竜王の池などの三池、善女竜王が教化された悪竜の渕などの五渕は八海と称された。例祭は10月で、室生寺からの御渡に〈室生の獅子神楽〉が加わる。獅子舞は雌雄一対の2頭で、室生寺の天神社で鈴の舞の触りを、当社で鈴の舞、魔除け、剣の祓い、荒獅子を舞う。1859年に室生寺で火事があり、消火した若者への礼に寺が獅子頭を贈ったのが舞の始まりという。

念仏寺
ねんぶつじ

五條市大津町。12世紀後半に東大寺領豊井庄の一部として登場する坂合部郷12か村の郷寺と伝え、代々別当を務めてきた坂合部氏の祖先が13世紀頃に氏寺として創建したという。高野山真言宗に属するが、現在は無住となっている。境内には阿弥陀如来を祀る本堂があるだけで、この堂は陀々堂とよばれている。1月14日には修正会の結願行事として〈陀々堂の鬼はしり〉†が行われる。これは15世紀に東大寺の修二会に倣って始めた達陀の行法であるという。午後に大般若経600巻の転読や阿弥陀さんの肩叩きがあり、夜に松明に火を点しての鬼走りが

Ⅲ　営みの文化編　　**129**

ある。鬼は阿弥陀様の使いの羅漢様といわれ、赤鬼面をつけ斧を持った父鬼、青鬼面をつけ捻木を持った母鬼、赤鬼面をつけ槌を持った子鬼が、燃え盛る松明を振りかざして堂内を豪快に走り回り、住民の災厄を祓う。

玉置神社

十津川村玉置川。大峰山脈の南端、玉置山の9合目に鎮座。熊野本宮証誠殿から吉野川の柳ノ宿に至る熊野・大峰修験道の行場、大峯七十五靡の第10番となっている。早玉神を祀ったのが始まりと伝えるが、山頂近くに露頭する玉石を神体として崇めたのが始まりとも考えられている。熊野三山の奥院と称され、玉置三所権現と崇められた。昔は将軍地蔵菩薩・千手観音・毘沙門天を祀ったが、今は国常立尊・伊弉諾尊・伊弉冊尊を祀っている。例祭は10月24日。玉置山北麓の小原や武蔵に伝承されている〈十津川の大踊〉†は、風流踊の流れを汲む盆踊で、玉置山へ巡礼に訪れた僧侶や信者が伝えたともいわれている。十津川は全面積の96%が山林原野で、特色ある生活が営まれてきた。それを伝える〈十津川郷の山村生産用具〉†3,174点が小原の収蔵庫に保管されている。

天神社

五條市大塔町阪本。阪本と小代の氏神で、猿谷ダムの建設で集落とともに現在地に移転した。伊邪那岐命と伊邪那美命を祀り、昔は天神神社と称された。末社に大神・山神・春日・金比羅・稲荷・瘡の6神社がある。例祭の4月29日と盆の8月15日には境内の踊り堂で風流踊の一つ〈阪本踊〉‡が奉納される。櫓太鼓を取り囲む輪踊りで、最初に政吉踊があり、続いて大文字屋、なんちきどっこい、豊年踊、天誅踊、やくし、はりやとせ、などが繰り広げられる。政吉踊は村人の身代わりで刑死した中村政吉の霊を弔うために始まったと伝え、調子には物悲しさが漂い、扇を閉じて拝む仕草もある。昔は命日に因んで10月27日と4月27日に墓前でも踊られていた。大塔町篠原の天神社でも昔は盆に〈篠原踊〉‡が奉納されていた。

伝統工芸

高山茶筌

地域の特性

奈良県は近畿地方の中央に位置し、四方を標高500mほどの山地に囲まれた奈良盆地を中心とした内陸にある。宇陀市や吉野町などの山にはスギやヒノキの林があり、県内各地に古墳や社寺などの史跡が数多く残されている。奈良市街地に接して、カシやシイなどの照葉樹を主とする「春日山原始林」があり、野生のシカが公園に生息している。森林や河川、田園、遺跡や寺社建築とが織りなす歴史的景観は、国内外の人々を惹きつけてやまない。

奈良盆地にある縄文時代の遺跡や弥生時代の大規模な集落や水田の遺構は、この地が日本の先進地であったことを物語っている。710(和銅3)年に、飛鳥から奈良・平城京に遷都された約70年間は、日本の都として栄えた。中国、唐の都・長安を手本とした都市の最盛期の人口は約10万。唐や渤海、新羅などと交流し、仏教が重んじられ、天平文化に彩られた。南都七大寺と呼ばれる東大寺、西大寺、法隆寺、薬師寺、大安寺、元興寺、興福寺が造営された。

遷都後に大寺は衰えるが、藤原氏の氏寺となった興福寺は栄えた。平安時代末期からは、戦乱による破壊と復興を繰り返す中で、現在の「ならまち」(元興寺の旧境内を中心とする地域)が、商工業の町として徐々に成長し、江戸時代には幕府の直轄地として筆や墨などの伝統工芸を発展させた。1998(平成10)年には「古都奈良の文化財」八つが世界遺産に登録され、貴重な自然と文化遺産を守ってきたことが世界に認められている。

伝統工芸の特徴とその由来

奈良時代、都が置かれた平城京には、中国大陸や朝鮮半島の文化が仏教とともに伝えられ、唐招提寺などの建築や、興福寺の阿修羅像などの仏像

Ⅲ 営みの文化編

が天平文化に結実した。正倉院に8世紀中頃から収集された宝物は、伝統工芸の源泉である。海外からもたらされた漆器は螺鈿の技法で飾られ、煌びやかな螺鈿は「奈良漆器」を特徴づける技法として伝承されている。奈良時代に始まったとされる伝統工芸は、ほかにも「奈良墨」や「奈良筆」、和紙などがあり、朝廷や大寺など都の需要に応じていたと思われる。建築や仏像彫刻など木工も発達した。「奈良一刀彫」は、平安時代の神事や宮中の雛遊びに結びつき、後に名工の手を経て芸術的な人形として受け継がれている。

　吉野山の木地師の郷には「大塔坪杓子」というクリの木のおたまが伝えられてきた。最上の麻布といわれる「奈良晒」は、江戸時代に「ならまちは布一色」といわれるほど生産された。現在は、吉野の月ヶ瀬などの清流の地に作業場がある。北部の生駒の高山では、室町時代の侘び茶の創設期に「高山茶筌」が考案された。茶道と結びつき成長した伝統工芸には、奈良市の五条山の土を用いる「赤膚焼」もある。奈良県の伝統工芸は、自然の恵みに加え、発祥当初から文化的な環境において、使い手と対話をしながら確かな技術でつくられてきたところに特徴がある。

知っておきたい主な伝統工芸品

奈良晒 (奈良市)

　奈良晒は、麻の手績み糸を手織りし、晒して真白くした布である。さらりとした肌触りでありながら、吸湿性に富み、美しく染められるという特徴がある。現在では、衣料や茶道各流派の茶巾のほか、ふきん、ハンカチ、バッグやタペストリーなど特徴を活かした品々がつくられている。手頃なふきんは、使うほどに、柔らかいが毛羽立ちがなく、優しい風合いのまま長もちする優れものである。

　奈良晒には、苧うみ、織布、晒しの3工程がある。苧うみにより、麻（青苧・大麻）の繊維をつないで糸にし、撚りの作業などを行う。糸を機にかけ、杼に入れた緯（横）糸を機に掛けた経（縦）糸の綾の間に通して、布に織り上げる。織った麻布「生平」を、灰汁を入れた湯で煮た後、強く叩き、清流で洗うことを繰り返す「晒し」を行い、白く仕上げる。

　『多聞院日記』にある奈良晒に関する記載により、僧侶や神官の衣料として室町時代後期には生産されていたと考えられている。桃山時代の天正年間（1573～92年）に、清須美源四郎が晒し技法を改良したことにより急発

展した。江戸時代には、徳川幕府の管理のもとで奈良晒の名が広まり、贅沢な裃（かみしも）や夏のきものに用いられた。江戸時代中期には奈良町の住人の約9割が奈良晒に関係していたといわれるほどであった。明治維新後は需要が激減したが、麻織物に綿織物の技法を合わせ、蚊帳織物の生産が盛んになった。現在は奈良県の無形文化財および奈良県指定伝統的工芸品の指定を受け、伝統技法の継承と新商品開発が行われている。

赤膚焼（あかはだやき）(奈良市)

赤膚焼は、赤みを帯びた器体に乳白色釉が掛かった柔らかい風合いと、社寺や鹿など奈良の風物を題材とする奈良絵に特徴がある。茶人好みの渋く深みのある上品さをもつ陶器として、茶道具のほか、花器、食器、置物などがつくられ、奈良にちなむ風雅な味わいを伝えている。

赤膚焼は、奈良市五条山一帯の丘陵（きゅうりょう）でつくられてきており、五条山の別名である赤膚山、または赤色に焼ける鉄分含有量の多い陶土からその名で呼ばれるようになったとされるが、諸説ある。陶土を利用して、古くから土器や陶器がつくられ、桃山時代に、茶道の成立とともに茶道具の製作が軌道にのった。江戸時代初期の大名で茶人であった小堀遠州の指導を受けたとされる遠州七窯の一つに数えられることもある。江戸時代中期には、大和郡山藩主柳沢氏の藩窯となり、登り窯が築かれた。天保年間（1830～44年）の頃に、名工奥田木白（おくだもくはく）が出て京都の清水焼や楽焼などに学び、茶の湯のやきものとして高く評価された。仏教の「絵因果経」の画風を引くといわれる奈良絵を絵付けに用いたといわれている。

赤膚焼は、茶陶を中心とした風雅でのびのびとした作風を伝えており、奈良絵に限らず、つくり手の創意による絵付けや造形がなされてきた。現在も、上質な陶土を活かした味のあるやきものづくりが行われている。

奈良漆器（ならしっき）(奈良市)

正倉院の宝物に「螺鈿紫檀五絃琵琶（らでんしたんごげんのびわ）」がある。琵琶の背面が、漆黒の地に螺鈿や伏彩色を活かした玳瑁貼り（まいばり）を駆使した宝相華文（ほうそうげもん）が輝いている。

螺鈿は、光沢のある夜光貝、鮑貝（あわびがい）、蝶貝などを薄い小片に切り出し、木地にはめ込み、漆を塗って研ぎ出す技法で、奈良漆器の特徴である。煌びやかな装飾の硯箱、宝石箱、文箱やアクセサリーなどがつくられている。また、伝統的な寺院で使用される台や机などを、少なくとも100年はもつように塗り上げる塗師（ぬし）の仕事もある。

Ⅲ　営みの文化編　133

正倉院の琵琶は、中国でつくられたものであり、ほかにも漆絵や、金銀の板を用いる平文または平脱と呼ばれる技法の源流がみられる。そして、器物を入手するとともに、海外からつくり手を招いて製作させ、日本人にも習わせたと思われる作品が正倉院に収められている。奈良で始められた漆器づくりは、中世には社寺に所属し、塗師として南都の社寺建築や器物をつくった。室町時代には茶道具の名品が生まれ、武具もつくられ、江戸時代へと引き継がれた。明治時代に、正倉院の宝物や社寺の什器が公開されたことを契機として、奈良漆器の模写事業が行われ、伝統工芸としての復興が図られた。その高い技術は、文化財の修復や美術工芸品の制作だけではなく、洗練された食卓用品や装飾品などに活かされている。

高山茶筌（高山市）

茶筌とは、お茶を点てる茶道具である。長さ10cmほどの竹の先を細かく割り、削り整え、糸で編み上げる。茶道の流派と、薄茶、濃茶、献茶、野点、茶箱などの用途により、素材や形、穂の数が異なる。抹茶のほかに、沖縄のブクブク茶や松江のぼてぼて茶などに用いる大振りのものもある。奈良県の高山は、日本で唯一の茶筌の産地である。

素材は、ハチク、クロチク、マダケである。流派や用途により定められた寸法に切る。穂の部分を60〜240本に小刀で細かく割り、湯の中で暖め、竹の台の上で内側を穂先になるほど薄くなるように削り、へらでしごいて穂を曲げる。穂の両角を1本おきに面取りし、1本おきに編み上げる。

15世紀、室町時代中期に高山の領主の息子で連歌師であった高山宗砌が、侘び茶の創設者といわれる村田珠光に依頼されて考案したのが高山茶筌の始まりといわれている。珠光を仲介として宗砌の茶筌は、天皇から「高穂」の名を受け、宗砌は茶筌の製法を鷹山家の家業、秘伝とする。高穂茶筌の名は世に知られるようになり、鷹山村の名前や家名の鷹山を高穂にちなむ高山に改めた。後に、茶筌の製法は家臣16名が守り伝えてきた。現在では、秘伝の製法は公開され、国の伝統的工芸品に指定された。また、高山茶筌の製造と合わせて、柄杓、茶杓、茶合、花器、菓子箸などの茶道具も生産されている。

奈良筆（奈良市）

筆は文字や絵を描く道具である。奈良筆は、日本における筆づくりが始まった地で、道具としての筆を使う書家や絵師、職人などの声を聴き、毛の選択と組み合わせに重点を置い

て、要望を満たす毛筆をつくってきたところに特徴がある。毛筆で仕事を
する使い手の信頼が厚い。

奈良筆は、ヤギ、タヌキ、ウマなどの柔剛ほどよく墨含みのよい獣毛を、
種類ごとにもみ殻の灰を用いて油分を抜き、長さと先端を揃え平らに整え
る。毛質に配慮して、慎重に配分を決めて毛を組み合わせ、「練り混ぜ」を
繰り返して、質のよい毛のみに揃え、帆の形につくり、化粧毛を巻き付け
る。穂の根元を縛り筆の軸に入れ、布海苔を染み込ませて形を整える。

筆は、約2300年前に中国に始まるとされ、日本には飛鳥時代初期に入っ
たといわれている。筆づくりは、遣唐使を務めた弘法大師空海（774～835
年）が、大和国高市郡今井の坂名井清川に伝授したとされている。その後、
筆の消費地で墨もつくられている奈良での製造が盛んになった。当時の筆
は、穂の腰を紙で巻いた巻筆と呼ばれるものであり、現在のように毛先を
おろして使う穂の長い筆は、江戸時代の元禄期（1688～1704年）にその製
造が始まった。奈良には、南都七大寺の筆司として筆づくりに従事し、筆
の店となってから約300年も続いている老舗もある。

奈良墨 (奈良市)

奈良墨は、煤を膠や香料と混ぜて固めたもので、水
を垂らした硯で磨り、液状になったところへ筆を入れ
て染み込ませ、文字を書いたり絵を描く文房具である。奈良墨は、煤の粒
子が細かく均一で、墨色に深みと艶があり、香しいところに特徴がある。
墨色は黒の中に紫や青などを含み味わい深く、墨型を用いて形づくられた
外観は美術工芸品としての品格がある。

墨には、松脂を燃やしてつくられる松煙墨と、ナタネやゴマ、キリの油
を燃やして採った煤からつくる油煙墨がある。松煙墨は、障子で閉じられ
た小屋の中で松材を燃やし、壁についた煤を採る。油煙墨では、菜種油や
胡麻油などを「かわらけ」と呼ばれる土器に入れ、灯芯を差して火を灯し、
上から覆っている土器の蓋に付着した煤を取る。水と膠などを数時間撹拌
し、ローラーにかけて練り合わせ、足で踏みこみ、手揉みも行って生墨を
つくる。木型に入れ、取り出し、手を掛けて徐々に乾燥させ磨き、金、銀
の粉や顔料で彩色をして仕上げる。

日本にある最古の墨は、正倉院にある海外でつくられた墨である。国内
では、奈良時代に松煙墨の製造が始まる。平安時代後期に、日宋貿易が盛
んになり、中国から油煙墨が輸入される。室町時代初期、興福寺二諦坊の

Ⅲ　営みの文化編　　135

灯明の煤を集めて、国内初の油煙墨がつくられた。やがて、墨の主流は松煙墨から油煙墨となり、奈良の墨は「南都油煙」と呼ばれて広まった。奈良には江戸中期創業の製墨業の店が当時のままの製法を400年にわたり伝承し、長期保管しても墨色が薄れず、虫に喰われない墨をつくり続けている。2018（平成30）年には、国の伝統的工芸品に指定された。

奈良人形（奈良一刀彫）（奈良市）

奈良人形の特徴は、その発祥から彫りと彩色にある。平安時代の12世紀、春日大社の若宮の祭礼に飾られた。神事用なので、手で触れる回数の少ない簡素な彫りと彩色とがなされた。ヒノキ、カツラ、クスノキなどを鑿で彫り、金箔や岩絵具などで能装束を思わせる華麗な色をつける。雛、舞楽、能楽、シカ、十二支などをテーマとする作品がつくられている。

　1年以上かけて乾燥したクスノキやヒバなどの木材を、作品に必要な塊に切り取る「木取り」を行い、鑿や彫刻刀で大まかな形に荒彫りをしたら、細かい部分を仕上げ彫りで整える。色をつける前に下地として、砥の粉や、顔に塗る白色の胡粉などを膠に混ぜて塗る。立体的な部分は胡粉を盛り上げておく。滲み防止に、ミョウバンと膠を混ぜた礬水を塗る。箔の部分に膠を塗り、礬水で覆った後色を塗り、顔を入れて仕上げる。

　奈良の人形は、春日社の祭礼や儀式とともに発展した。安土桃山時代には、織田信長、豊臣秀吉、徳川家康ら時の覇者に、奈良から美しく彩色された盃台が献上され、盃台上に奈良の能人形があったと『多聞院日記』などに記録されている。江戸時代中頃には、奈良人形師の岡野松壽が出てその名声を高め、さらに幕末～明治時代にかけて狂言師でもあった森川杜園が活躍し、奈良人形を芸術にまで高めた。この頃から、奈良人形は一刀彫ともいわれるようになる。確かな造形と丁寧な彩色による美術工芸的な人形は、現代の生活空間にも違和感なく納まる普遍性をもっている。

民　話

地域の特徴

　奈良県は紀伊半島の中央部に位置し、古代より「大和」と呼ばれた。南部には広大な紀伊山地が広がり、北部は西に生駒金剛山脈、東には笠置山地・宇陀山地などの大和高原がある。それらに取り囲まれた北西部の盆地は、古人が「国のまほろば」と讃えたように、古墳時代から奈良時代まで国の中心であった。無数に点在する大小の古墳、藤原・平城の宮跡をはじめとするさまざまな遺跡、そして法隆寺・東大寺・春日大社など、今も人々が信仰する神社仏閣の数々は、奈良県の歴史の厚みを物語る。一方、標高1,000ｍを超える山々が連なり全国有数の森林地帯である吉野は、林業が栄え、かつ清浄神秘の地とされた。南北朝時代には南朝が置かれ、古代から現代まで修験道の道場があり、山岳仏教の聖地でもある。

　また、奈良盆地から四方の峠を越える道が早くに通じ、近世には河内や伊勢などと通じるいくつもの街道が整備され、大和川を利用した水運業も発達し、多彩な情報やモノが行き交った。ただ、盆地は降水量や河川の水量が少ないため、古くから旱魃に備えた農業用溜め池が多数つくられ、今もあちこちに残る。近現代は、大阪・京都に近いことから生活環境の変化が大きいが、民俗行事や祭など地域の伝統的文化の多くは、吉野山岳地帯、大和高原地帯、奈良盆地、各々の特徴を保ちつつ受け継がれている。

伝承と特徴

　かつて国の中心であり、1,000年以上勢力をもち続けた有名な神社仏閣が多数存在することから、奈良県にかかわる伝承は、神話や説話として古くから多くの書物に記されてきた。庶民の間に伝わる民話も、歴史的事物や歴史上の人物についての伝説が非常に多彩で、早くから注目されさまざまな形で集められた。中でも、1933（昭和8）年の『大和の伝説』には約450話、1959（昭和34）年に出た増補版では1,000話余りが掲載されている。

Ⅲ　営みの文化編　　**137**

一方、昔話の本格的な採録・報告は遅れたが、『近畿民俗』36号（1965）で松本俊吉が広陵町の一人の語り手による18話を紹介したのを皮切りに、中上武二が同誌37号に野迫川村弓手原の昔話を報告。また、奈良教育大学の学生が採訪の成果を『大和民俗』に次々発表し、昭和50年代には立命館大学の岡節三が学生と共に吉野郡の村々を採訪して昔話集を編み、京都女子大学の学生は大和高原の話を報告するなど、貴重な資料が相次いだ。1985（昭和60）年頃からは比較民話研究会やそのメンバーが吉野郡の各町村、橿原市、奈良市などで採訪を実施、丁寧な報告を世に出し、さらに自治体発行の昔話集も続いた。こうして相当数の民話が記録され、県内の口頭伝承の豊かな実態が見渡せるようになった。

　昔話の形式句は明確でなく、始まりは「むかし」「昔々」である。本格昔話は少なく笑話と動物昔話が多い。特に鳥の鳴き声や生態についての話、和尚と小僧の笑話などがよく聞かれた。伝説では、役行者、義経と静御前、後醍醐天皇といった奈良とかかわりの深い歴史上の人物の話、弘法伝説などが目立つ。また地域ごとに、独特の地形、信仰、その地の有名人など、豊富な伝説が残っている。世間話は狐・狸の話を筆頭に、狼、河童、妖怪などの話が多数伝わり、吉野では「ヒダル神」の話も各地で話されてきた。

　現代は、各地のボランティアの語り手たちが、公立図書館や保育園・幼稚園、小学校などで頻繁に「お話し会」を開き、さまざまな民話を語っている。その中で、県内に伝わる民話を積極的に語る人たちも増えている。

おもな民話（昔話）

雀孝行　　県内でかなり伝承例の多い動物昔話。五條市の話では、雀は親孝行で親の危篤の知らせを聞くと自分の身を構わず駆けつけた。つばくろ（燕）は紅やおしろいをつけてから行ったので親の死に目にあえなかった。それで燕は「土食て虫食て、口しぶい」と鳴く。雀は、雪が積もっても米3粒は落ちている（『紀伊半島の昔話』）。雀は姿が美しくないが親孝行なので穀類を食べられる、燕は綺麗だが親不孝だったので土や虫しか食べられないという。旧月ヶ瀬村、曽爾村、吉野郡の各地に濃厚に伝わるが、全国的にも広く分布し、燕以外にキツツキやホトトギスというものもある。ほかにも「時鳥の兄弟」「水乞鳥」など鳥の生態を擬人的に語る昔話が、数多く伝承されている（『東吉野の民話』『十津川村の昔話』

など)。こういう話は農山地では昔は誰もが知っていたことであろう。

山姥ぁの話 吉野郡野迫川村に伝わった話。昔、山の中で母親と三人の子どもが住んでいた。ある時母親が、山姥が来るから自分が帰るまで戸を開けてはいけないと言って出かける。やがて旅人が戸を叩くが子ども達は開けない。次に山姥は母親に化けて来たので戸を開ける。夜中にバリバリ音がするので上の二人が目を覚まし聞くと「コンコ(漬け物)食べとんのや」と言う。だが俎に血が付いていて下の子がいない。二人は山姥だと思い逃げ出して柿の木に登るが、山姥も追ってくる。夢中で天の神様に助けを求めると、天から鎖が降りてきて二人は攝まって逃げる。柿の木は折れやすいので重い山姥は落ちて死ぬ。落ちた所は蕎麦畑で、山姥の血で蕎麦の軸は赤くなったのだという(『近畿民俗』37号)。

　これは全国に伝承される「天道さん金の鎖」という昔話で、1965(昭和40)年に中上武二が祖母の中谷むめのから聞いた話を報告した。また、同じ話を2011(平成23)年に中上氏の叔母・野尻とよ子も語っている(『昔話―研究と資料―』42号)。戦前には香芝町にも伝えられており、かつては県内各地に本格昔話の豊かな語りがあったと想像できる話である。

狼の玉 昔、ある若者が怠け者で仕事も無く生きていても仕方ないと思い、狼にでも食われてしまおうと山に入った。夜狼が次々来るが男の匂いだけかいで行ってしまい、最後に来た狼が咳をした拍子に金の玉を吐き出す。翌朝、男は金の玉を持って村の方へ行く。途中、玉を透かして向うから来る人を見ると、猿や犬、牛に見えたり人間に見えたりする。一人のお爺さんがその玉を手に取って、男に、お前の顔は人間に見える、それで狼に食われなかったのだ、と言う。男はお爺さんの娘の婿になり、金の玉は家の宝になった(『近畿民俗』36号)。

　これは北葛城郡広陵町に伝わる話だが、「狼の眉毛」と呼ばれる昔話である。旧大塔村の例では、貧乏人が狼に自分を食わない理由を聞くと眉毛を1本くれる。その人が遍路に出た時、泊めてくれない婆を眉毛をつけて見ると牛に見えたという(『吉野西奥民俗採訪録』)。少数ながら全国に分布し、柳田國男が背景に狼を霊獣と見る思想があることを示唆した話である(『昔話覚書』)。ほかに、日本狼最後の生息地・吉野郡を中心に、狼の報恩譚や「送り狼」など、人間と狼との交流を語る話が多く報告されている。広陵町の話を語った松本イエは1899(明治32)年生まれで、1965(昭

和40）年『近畿民俗』に18話が紹介され、奈良県にも昔話の語り手が健在なことを示した。その話を継承した娘の松本智惠子（1920（大正9）年生）も計35話を語る伝承の語り手であった（『九二歳の語り手松本智惠子』）。

鳥食い婆　吉野郡下北山村に伝わる笑話。むかし、爺と婆が畑仕事をしていると雀がきて鍬にとまったのでつかまえた。婆が家で雀汁をこしらえ、味見をして「一杯吸うやうまし、二杯吸うやうまし、三杯吸うやうまし」と言って全部飲んでしまった。爺の分がなくなったので、婆は仕方なく自分の女の隠し所を切って炊いた。爺は汁を飲んで「どうしたんや、これはしわ臭いんやないか」と言ったという（『奈良県吉野郡昔話集』）。『下北山村の昔話』や『紀伊半島の昔話』にも同村の伝承が紹介されている。全国的にも報告例は少なく、貴重な事例である。

　稲田浩二は、この話が鹿児島県や東北地方で普請や田植えなどの後の祝いの席で最初に語られたことに注目している（『日本昔話事典』）。たあいない笑話だが、かつて吉野の村々でも皆が集まる席で、座の雰囲気を和ませるものとして語られたのではないだろうか。

おもな民話（伝説）

良弁杉　東大寺二月堂の下にある杉の木は「良弁杉」と呼ばれているが、良弁とは奈良時代に実在した東大寺の高僧である。近江志賀の里の生まれといわれ、良弁が幼少の頃、母が桑摘みをしていた隙に鷲が来てさらい、二月堂下の杉の木（場所には諸説あり）まで運んだ。子どもの泣く声に気づいた僧が助け養育したところ、良弁は成長して東大寺の建立に尽力する名僧となった。一方、母は30年間我が子を捜し続けて各地をさすらい、偶然淀川の舟の中で良弁僧正が幼時に鷲に連れてこられたとの噂を耳にし、奈良まで尋ねてきて再会を果たしたという（『大和の民話　奈良市編』など）。全国に昔話「鷲の育て児」として伝承され、古くから種々の説話集に載るが、特に良弁の話はよく知られ日本各地に良弁伝説が残る。物語草子などにも記されたほか、明治・大正期には義太夫で語られ人形浄瑠璃や歌舞伎でも上演され、さらに有名になった（『奈良伝説探訪』）。現在の良弁杉は、以前の大木が台風で倒れた後に枯れ、3代目だという。

天狗の石合戦　昔、山添村の神野山（こうのやま）には天狗がいて、生駒山の天狗と喧嘩をして石を投げあった。その石が落ちたのが鍋倉谷

の巨石、または一台山なのだという（『奈良市民間説話調査報告書』）。

　山添村や奈良市の東部で知られる話だが、神野山の天狗は伊賀の青葉山の天狗とも石を投げ合ったらしい。神野山はもとは禿げ山で青葉山は緑豊かな山だったが、天狗はわざと伊賀の天狗を怒らせたので盛んに草木や石を投げてきた。神野山は何も投げないでいたため、石が集まって鍋倉谷ができ草木が生い茂るようになったという（『やまぞえ双書2　村の語りべ』など）。山と山が争う伝説は全国にあるが、神野山や一台山・生駒山を見て暮らす人々には、以前から神野山周辺に多かった天狗伝説や、巨岩が並ぶ奇景で有名な鍋倉谷の強い印象もあり、長く語り伝えられたのだろう。

三輪山

　大神神社のご神体山、三輪山の伝説である。昔、三輪山の麓に住む姫のもとに、毎夜立派な若い男が来て姫と夫婦の契りを結ぶ。やがて姫は妊娠し父母が訳を聞くと、名も知らぬ麗しい男が毎夜来て夜明けには帰っていく、と答えた。親は、男が来たら寝床の辺りに赤土をまき、苧環の糸の端を針に通して男の着物の裾に刺すようにと教える。姫はそのとおりにするが、夜が明けて見ると赤土に足跡はなく、糸は戸の鍵穴から抜け出て三輪山の神の社に入り、苧環には三輪だけが残っていた。それ以来この地を「三輪」と呼ぶようになったという（『大和の伝説』）。

　男は実は蛇の姿をした三輪の神様だったのだが、これは『古事記』中巻に記された有名な神話でもある。全国に伝承される「蛇婿入」の昔話と同じ話で、このタイプの蛇婿入を「苧環型」というのは、『古事記』の神話に基づいている。県内ではほかにもさまざまな形で語られ、桜井市三輪では姫の名を緒環姫、残りの糸を埋めた所が緒環塚だという（『大和の伝説』）。また、正体を知られた神様が素麺のつくり方を教えたというもの（『野迫川村史』）や、菖蒲湯の由来になる話（『十津川村の昔話』「奈良県吉野郡大塔村の昔話」）なども伝わる。吉野郡では同じモチーフの話で娘の名を「お辰」とする伝説が知られている（『野迫川村の昔話』）。

伯母峯の一本足

　伯母峰は吉野川の上流、山上ヶ岳の東側にある大きな峠で、この話は吉野郡で最も有名な伝説である。さまざまな種類の話が伝わり、『大和の伝説』には6種類の話が記され、『奈良県吉野郡昔話集』では39話を採録して5種を紹介する。『川上村の昔話』には9話、その他吉野の民話を集めたほとんどの資料に見える。代表的なのは、一本足の怪物が大猪の姿で暴れているのを名のある武士（猟師）

Ⅲ　営みの文化編　　**141**

が鉄砲で撃つ。やがて怪物は人間の姿になって湯の峰温泉などに湯治に現れ、覗くなと言ってこもるが、正体を知られ再び伯母峰で旅人を取るなどして暴れる。それで上人（村人）が塚（祠など）をつくり一本足を慰め鎮める。ただ12月20日だけは一本足の自由にまかすということで、その日は伯母峰の厄日とされ、誰も峠を越えないという。

「一本足」は実は古猫であったという話もある。鉄砲の名人が年の暮れに弾を鋳ると飼い猫が弾を数えるので、母親が隠しだまを持って行けと言う。果ての20日に伯母峰に行くと猫が大きな音とともに現れ、いくら撃っても倒れない。隠しだまでようやく当てると猫は逃げ去る。それ以来男は猟師をやめるが、残った鉄砲は12月20日には必ず汗をかいていたという。これは全国に伝わる昔話「猫と茶釜の蓋」と同話だが、吉野では「伯母峰」の伝説となる。また、「一本足」が美しい女の姿で現れる話や、怪物は元は義経の馬であったという話、化け物を倒した猟師がその後死んでしまうというものもある。かつて大変な難所とされた伯母峰峠という大自然への恐怖が生んだ妖怪であろうが、それゆえ人々の心に強く残り、語られ続けてきたのであろう。

おもな民話（世間話）

狐・狸化け

県内には狐や狸に関する話が非常に多い。橿原市耳成でも、実体験の話として多数聞かれている。例えば、お婆さんが実家に行く途中の夕方、橋の側で浴衣に帯を締めた若い衆を二人見かけた。日が暮れ自分の家に戻る時には若い衆が真っ黒な背の高い坊主になっていたので、狸が化けたのだと思い、恐る恐る見るとまだ立っていたという話。子どもが幼い頃、祭を見に行った帰りに藪から高坊主が出てきたのに出会い、それ以来怖がりになって大変だったという話もあり、狸はよく坊主に化けたといわれる。「風呂は野壺」や「ご馳走盗られ」といった全国にあるものの他に、狐が娘や産婆・牛などに化けた話も多く、夜に見える不思議な火は狐のしわざだという（「奈良県橿原市・耳成の民話」）。吉野の各地や奈良市の山間部でも、昔の世間話の主人公は狐や狸が一番だったようだ。そして、河童、狼や蛇、ツチノコ、村の英雄的な人物などの話も、盛んに人々の口に上ったのである（「奈良県吉野町・国栖の昔話」『奈良県吉野町民間説話報告書』『奈良市民間説話調査報告書』など）。

142

砂かけ婆

地域の特徴

　奈良県は、総面積が全国で40番目となる狭い県であり、海に面していないという特徴をもつ。県北西部には奈良盆地が位置し、県南部には近畿地方で最も高い山岳地帯が広がり、奈良県総面積の76.9%を森林が占めている。山地は、紀伊半島を横断する中央構造線で南北に分かれ、南部には古くから修験者の修行の場であった大峰山脈のほか、伯母子岳、大台ヶ原など標高1,000mを超える山々が連なる。北部には比較的標高の低い生駒・金剛山地、竜門山地、宇陀山地、笠置山地・大和高原、佐紀丘陵などがあり、盆地を囲んでいる。

　奈良盆地は「国中」と称され、峠を越えて多くの道が全国へ通じていた。近世には河内、伊賀・伊勢、熊野方面へ街道も発達した。県南部の山地からは、良質の木材が十津川（熊野川）などを利用して運搬され、また山を越えて行商人や芸能者が訪れるなど、物資や情報が行き交った。奈良の特産品には、近世より酒造や絞油、織物、木工芸品、売薬などがあった。

　奈良の民俗を考える際には、県北西部の奈良盆地と南部に広がる広大な山地の両者の特徴を視野に入れる必要があるだろう。また「奈良県風俗誌」とよばれる一連の史料（1915年）に近代の暮らしが記録されている。

伝承の特徴

　奈良県では、現在も数多くの遺跡や古墳が点在している。そのため、古墳や塚にまつわる伝承は多い。また、東大寺や興福寺、元興寺などの諸大寺や春日大社などが勢力をもち続けたことから、寺院仏閣に関わる伝承も多い。

　奈良盆地は降水量が少なく、河川の水量も乏しいため、旱魃に苦しめられてきた。そのため、古くから溜池をつくるなどの工夫をして稲作を行ってきた。他方、南部の吉野地方は雨の多い山岳地帯で大山林があるが、土

Ⅲ　営みの文化編　　143

砂崩れなどの災害も多い。例えば吉野郡の丹生川上神社（上社は川上村、中社は東吉野村、下社は下市町に鎮座）などは、古来より雨乞いと止雨の神様として信仰を集めている。天気や自然災害などに関する伝承も多い。

　また奈良県南部には、役行者が開いたとされる修験道の修行場であった大峰山などがあり、天狗を中心とした妖怪・怪異伝承が多い。奈良県南部に広がる山岳地帯の豊かな自然が、天狗を中心としたさまざまな山の妖怪を生み出してきたといえるだろう。

主な妖怪たち

一本足・一本ダタラ

　一つ目、一本足の妖怪。吉野郡川上村と上北山村の境界、伯母ヶ峰や十津川村など、主に山間部に出没するという。伯母ヶ峰の奥深くにて、昔、射馬兵庫という武士が、背中に熊笹の生えた猪を銃で仕留めた。猪は、伯母ヶ峰に棲んでいた猪笹王の亡霊であり、兵庫への恨みから、一本足の鬼となって伯母ヶ峰に現れ、旅人を取って食べるようになった。そのため東熊野街道は廃道同然となり、丹誠上人が伯母ヶ峰の地蔵を勧進して一本足の鬼を封じた。以後、一本足の鬼は出なくなったが、毎年旧12月20日だけは一本足に任せるという条件をつけたため、この日は「果ての20日」といって、伯母ヶ峰の厄日として警戒されている（『大和の伝説』）。

　また十津川村では、一人の猟師が玉置神社にお参りをして歩いていると、身の丈1丈（3m）もある一本ダタラが現れて、猟師に喚き合いの勝負を挑んだ。一本ダタラは、勝てば道を通してやると言い、ものすごい声で喚いた。猟師はとても勝ち目がないと思って、一本ダタラに目をつぶって近くに寄るように言った。そして近寄ってきた一本ダタラの耳に火縄銃を近づけ、発砲した。一本ダタラは驚いて逃げていったという（『十津川郷の昔話二集』）

額塚

　藤原氏の氏寺である興福寺の境内、南大門跡の西に額塚という小丘がある。764（天平宝字8）年5月、南大門の芝生に大きな穴ができて洪水が噴出し、行き来できなくなった。占者が占い、南大門にかかっている「月輪山」の額の「月輪」が水に縁のあるため、これを取りおろせばよいと告げた。額を取り下ろしたら、たちまち洪水がおさまった。その額の埋められたところに、額塚がある（『大和の伝説』）。この他、同

じく春日大社境内にも額塚がある。

ガゴゼ（元興寺）

元興寺に出没する鬼を指す。平安時代初期の仏教説話集『日本霊異記』に出てくる道場法師の鬼退治がガゴゼの原型とされる。敏達天皇の時代、ある農夫のもとに雷神が落ちてきた。農夫は雷神の願いを叶えたことにより、子どもを授かった。子どもは成長して怪力をもつようになり、元興寺の童子（道場法師）となった。やがて寺の鐘楼に人食い鬼が出るようになると、童子はその退治を申し出て鬼と闘った。闘いは真夜中から夜明けまで続き、鬼は頭髪を引き剥がされて逃げ去った。童子は鬼の後を追いかけるが、辻子で見失ってしまう。そのためこの辻子は不審ヶ辻子、俗に「ふりがんづし」とよばれるようになり、鬼の頭髪は元興寺の寺宝になったという。江戸時代になると、ガゴゼは元興寺に住む鬼として『南都名所集』（1675〔延宝3〕年）に紹介され広く知られるようになった。江戸時代後期には、鳥山石燕の妖怪画『画図百鬼夜行』（1776〔安永5〕年）に描かれ、図像化された。

吉備塚

奈良市東南端、奈良教育大学の構内（旧帝国陸軍歩兵第五三連隊内）に吉備塚がある。奈良時代、遣唐留学生として唐に渡った吉備真備の墓地と言われてきた。昔から、さわれば祟りがあると言われ、田圃の中で一鍬も入れずに残されてきた。工事に着手すると、必ず変わったことが起こったので、そのままにしたという。ここに、大きな蛇や狐が住んでいるという人もいる（『大和の伝説』）。

　吉備塚古墳は径約20m、高さ約3mの比較的なだらかな小さな塚で、発掘調査より、現在では吉備真備の墓とは時代が異なる古墳の一つとされている（『吉備塚古墳の調査』）。

源九郎狐

源九郎稲荷ともいう。人をだまして悪戯をする大和の狐。播磨（兵庫県）の刑部狐の兄弟といわれている。源九郎狐は、『浮世草子』や『西鶴諸国はなし』にも取り上げられ、諸国の女の髪を切り、家々のほうろくを割らせ、万民を煩わせる狐として現れる。源九郎稲荷は浄瑠璃「義経千本桜」にも登場するが、ここでは源義経に忠義を守る狐として描かれている。大和郡山市にある源九郎稲荷神社（祭神・宇迦之御魂神）は、源九郎狐ゆかりの神社である。

ダル

ダリ、ヒダルガミともいう。山中を歩いている人に憑いて、急に空腹感を感じさせたり、動けなくさせたりする妖怪。運搬中の

Ⅲ　営みの文化編　　145

牛や馬などにも憑く。奈良県最南端に位置する十津川村の旧熊野街道（世界遺産「熊野参詣道小辺路」）に入る三浦峠（海抜1,062m）に出没するダルは、ものを食べずに死んだ人、のたれ死んだ人の妄念で、憑く人と憑かない人がいるという。桜井市南部の多武峰のあたりではヒダル神と呼び、たいてい四ツ辻になったところにいるという。山道で倒れるとか、首をくくって死んだ人があると、ヒダル神が憑いたという（『あしなか』）。ヒダル神と同じような妖怪は全国各地の山間部に伝承されており、ヒダル神に憑かれたときは、弁当のご飯を少し残しておいて一口食べるとよいなどの伝承があり、山に入る際に注意すべきことを示しているともいえる。

ジャンジャン火

怪火の一種で、ホイホイ火、ザンネン火などともよばれる。奈良盆地の東にそびえる龍王山（標高586m）の山頂には、15世紀後半に十市郡十市（現・橿原市）を本拠とする戦国武将・十市遠忠が城主を務めた龍王山城跡がある。十市遠忠は、松永久秀に責められて憤死したため遠忠の怨念が残り、これが怪火を起こすという伝説がある。また落城してからは、毎年怪しいヒタマが西へ飛び、遠く離れた場所でもジャンジャンと火の燃える音が聞こえるという。さらに、遠忠の怨念が火の玉になって山頂に現れ、「オーイ」とよびかけると、ジャンジャンと音を立て、火の玉は大きくなりながら追いかけてきて、よんだ者を焼き殺してしまうという。これをホイホイ火とよぶ。

山辺郡二階堂村大字前栽（現・天理市）の庄右衛門という浪人が、大晦日の夜、ジャンジャン火に襲われ、黒焦げになって死んでしまった。その際に振りかざした刀が石地蔵の首に触れ、首が落ちた。この地蔵は首切地蔵として現在も天理市田井庄町、十字路の辻堂（現・天理大学体育学部キャンパス角の交差点）に立っている（『大和の伝説』）。怪火の伝承は全国にみられるが、奈良県では龍王山城の武将・十市遠忠の怨念によるとする伝説が多い。また名前の由来どおり「ジャンジャン」と音を立てて怪火が飛んでいくのが特徴である。

砂かけ婆

頭上から砂をまく、あるいは砂をまく音をたてて人を驚かす妖怪。砂かけ婆は、人淋しい森の陰や神社の陰を通ると、砂をふりかけて人を驚かすが、その姿を見た人はいない（澤田四郎『大和昔譚』1931年）。柳田國男が「妖怪名彙」にて奈良県の砂かけ婆の事例を紹介したことから、奈良県の代表的な妖怪として取り上げられるように

なった。また水木しげるの『ゲゲゲの鬼太郎』に登場する砂かけ婆の老女のイメージも強い。しかし柳田も指摘するように、「姿を見た人は無いというのに婆といっている」のがこの妖怪の特徴である。

土蜘蛛 人を食べる巨大な蜘蛛の妖怪。平安時代の武将、源頼光が退治した伝説により有名となった。御所市の葛城一言主神社の境内には土蜘蛛塚がある。神武天皇が葛（つる草の総称）で網をつくって土蜘蛛を取り、頭・胴・脚の3部分に切断して別々に神社の境内に埋め、その上に巨石を据えた。これが土蜘蛛塚であり、土蜘蛛を取った葛の網に因んでこの地方をカツラキ（葛城）とよぶようになったという（『大和の伝説』）。他にも、御所市高天町に大きな土蜘蛛が住んでいたので、矢で放ち、打ち取った蜘蛛を高原彦神社のかたわらに埋めたという伝説もある（『大和の伝説（増補版）』）。

ツチノコ 1970年代に日本中でブームとなった幻の蛇。それ以前のツチノコは、頭だけの蛇もしくは胴体だけの蛇を「ノヅチ」とする伝承と、物を叩く道具である槌そのものの妖怪とする伝承があった。奈良県吉野郡大塔村（現・五條市）では、ノヅチは槌の形をした蛇のようなもので、人影めがけて突進してくるという。ノヅチに先に見つけられると、高熱が出て死ぬこともあるという（久谷哲久他「伝説」『中京民俗』9、1972年）吉野郡下北山村では、ノヅチをツチノコともよび、海に4年、山に4年修行して天に昇るが、人に見られると出世できないという（『近畿民俗』）。

天狗 奈良県南部では、修験道の開祖とされる役小角が活躍していたため、修験道と関係の深い天狗の伝承が数多く伝わっている。全国に名を馳せた八天狗のなかに、奈良・大峰の前鬼坊も名を連ねており、奈良の山間部のあちこちに天狗がいるとされた。例えば十津川村高津の大断崖の天狗崖には大天狗、小天狗がたくさん住んでいた。秋になると天狗のため大断崖は美しくなるという。しかし天狗の意に反すれば、たちまちその怒りにふれて、不祥事に遭うとされた（『大和の伝説』）。葛城の大天狗は、修行のため葛城山の山奥に入り込んでくる山伏たちを追い払おうとするが、役行者によって深い谷底に落とされた。それ以降、天狗の一族は二度と山伏たちの修行の邪魔をしなくなり、それどころか修行の手助けをし、守り神として祀られるようになったという（『葛城のむかしばなし』）。

Ⅲ　営みの文化編　147

高校野球

奈良県高校野球史

　奈良県で最も早く野球部が誕生したのは郡山尋常中学（現在の郡山高校）で，1897年に創部している．同じ頃奈良師範でも野球部が誕生，続いて翌98年には畝傍中学（現在の畝傍高校），1902年には天理教校（現在の天理高校）でも創部された．

　33年郡山中学が甲子園に初出場，秋田中学を破って初勝利をあげた．しかし，翌年以降紀和大会では和歌山県勢に敗れ続け，以後中等学校時代は1度も甲子園に出場することができなかった．

　戦後，53年夏御所実業がベスト8に進み，55年春には高田高校が初出場で準決勝まで進出した．59年夏には天理高校が甲子園に出場，この年を境に，奈良県勢は紀和大会で和歌山県勢を圧倒し始めた．紀和大会は77年まで続いたが，59年以降の16回の紀和大会では4回しか敗れていない．

　以後，天理高校と郡山高校が2強となり，この2校のうちのどちらかが甲子園に出場した．72年夏には天理高校が夏の大会では奈良県勢としては初めて準決勝まで進んだ．

　77年選抜で智弁学園高校もベスト4まで進出，78年に1県1校となると，県内は天理高校と智弁学園高校の2強となった．特に夏の大会では，この両校が出場を独占，1県1校となって以降の42年間で両校以外の学校が夏の大会に出場したのは，1993年と2000年の郡山高校，2013年の桜井高校，2018年の奈良大付属高校の4回だけである．

　この間，86年夏に天理高校が3度目の準決勝進出で初優勝を達成，90年夏には2回目の優勝，97年選抜でも優勝した．

　一方，選抜では，94年に高田商業が32年振り，99年には高田高校が44年振りに出場した他，奈良高校，橿原高校，斑鳩高校（現在の法隆寺国際高校）などの初出場校も多く出ている．

148

主な高校

郡山高 (郡山市, 県立)

春6回・夏6回出場
通算12勝12敗

1893年奈良県郡山尋常中学校として創立. 1901年県立郡山中学校と改称. 48年の学制改革で県立郡山高校となる.

1897年に創部した県内の草分け. 1933年夏に奈良県勢として初めて甲子園に出場した. 戦後, 71年夏にはベスト4まで進んでいる. 近年では2000年夏に出場している.

御所実 (御所市, 県立)

春7回・夏4回出場
通算5勝11敗

1899年奈良県染色講習所として創立し, 翌1900年に奈良県織講習所, 01年奈良県立工業学校と改称した. 48年の学制改革で県立御所高校に統合. 52年県立御所実業高校として独立. 58年御所工業高校となったが, 2007年御所東高校と統合して御所実業高校に戻る.

1946年に創部. 53年春に初出場すると, 夏には初勝利をあげて甲子園の常連校となり, 以後74年春までに春夏合わせて甲子園に11回出場した.

高田高 (大和高田市, 県立)

春2回・夏0回出場
通算4勝2敗

1920年郡立高田高等女学校として創立. 23年県立に移管. 48年の学制改革で県立高田高校となる.

48年創部. 55年選抜に初出場すると, ベスト4まで進んだ. その後, 99年選抜に44年振りの出場を果たした.

高田商 (大和高田市, 市立)

春3回・夏1回出場
通算4勝4敗

1954年大和高田市立商業高校として創立し, 58年市立高田商業高校と改称. 創立と同時に創部. 62年選抜に初出場, 翌63年夏にはベスト8まで進んでいる. その後, 94年選抜で31年振りに甲子園に出場, 2017年選抜にも出場した.

智弁学園高 (五条市, 私立)

春14回・夏19回出場
通算37勝31敗, 優勝1回

1964年弁天宗によって智弁学園高校として設立され, 65年に開校して創

部．68年夏に甲子園初出場．2度目の出場となった76年選抜でベスト8に進み，以後は天理高校とともに県高校球界を2分している．77年春，95年夏とベスト4に進んだ後，2016年選抜で初優勝した．

天理高 （天理市，私立）
春25回・夏28回出場
通算78勝49敗，優勝3回

1900年天理教の教師養成機関の天理教校として創立．08年天理中学校と改称し，48年の学制改革の際に天理高等女学校と合併して天理高校となる．

02年創部．54年春甲子園に初出場し，常連校として活躍．72年夏にベスト4に進み，以後は全国的な強豪校として知られる．86年夏に初優勝，90年夏，97年春にも優勝した．近年では2017年夏と2021年春にベスト4まで進んでいる．

奈良大付高 （奈良市，私立）
春1回・夏1回出場
通算1勝2敗

1925年南都正強中学校として創立．43年奈良県正強中学校と改称．48年の学制改革で奈良県正強高校となり，70年正強高校，96年奈良大学附属高校と改称した．

60年創部．2015年選抜に初出場，18年夏には羽黒高校を降して初戦を突破した．

法隆寺国際高 （斑鳩町，県立）
春2回・夏0回出場
通算1勝2敗

1978年県立斑鳩高校として開校．2005年県立片桐高校と統合して法隆寺国際高校と改称．

1978年創部．斑鳩高校時代の2003年選抜に初出場，初戦で柏崎高校を降して初戦を突破した．翌04年選抜にも出場している．06年夏には連合チームの斑鳩・法隆寺国際高校として県大会決勝まで進んだが，9回裏に逆転サヨナラ負けを喫して甲子園出場を逃している．

大和広陵高 （広陵町，県立）
春2回・夏0回出場
通算0勝2敗

1974年県立広陵高校として創立．2005年県立高田東高校に統合され，大和広陵高校となる．

1974年創部．広陵高校時代の85年選抜で初出場を果たした．2013年選抜には大和広陵高校として28年振りに甲子園に出場した．

㉝奈良県大会結果（平成以降）

	優勝校	スコア	準優勝校	ベスト4		甲子園成績
1989年	智弁学園高	5－4	斑鳩高	天理高	桜井商	3回戦
1990年	天理高	5－0	香芝高	智弁学園高	橿原高	優勝
1991年	天理高	3－1	高田商	五条高	奈良高	2回戦
1992年	天理高	5－4	智弁学園高	片桐高	桜井商	ベスト8
1993年	郡山高	4－1	智弁学園高	五条高	天理高	2回戦
1994年	天理高	1－0	桜井商	正強高	高田商	初戦敗退
1995年	智弁学園高	4－3	高田高	香芝高	正強高	ベスト4
1996年	天理高	1－0	郡山高	奈良大付高	北大和高	2回戦
1997年	智弁学園高	2－1	天理高	郡山高	桜井商	3回戦
1998年	智弁学園高	6－3	高田高	天理高	広陵高	2回戦
1999年	智弁学園高	6－1	高田高	郡山高	高田商	3回戦
2000年	郡山高	5－3	智弁学園高	登美ヶ丘高	田原本農	初戦敗退
2001年	智弁学園高	11－2	片桐高	高田商	高田高	3回戦
2002年	智弁学園高	9－3	奈良大付高	天理高	奈良商	3回戦
2003年	天理高	8－3	郡山高	奈良大付高	智弁学園高	3回戦
2004年	天理高	5－1	高田商	広陵高	智弁学園高	ベスト8
2005年	天理高	7－2	広陵高	高取国際高	桜井商	初戦敗退
2006年	天理高	4－3	斑鳩・法隆寺国際高	智弁学園高	桜井高	2回戦
2007年	智弁学園高	13－2	奈良大付高	天理高	橿原高	3回戦
2008年	智弁学園高	3－1	奈良大付高	登美ヶ丘高	郡山高	2回戦
2009年	天理高	7－2	郡山高	条高	畝傍高	2回戦
2010年	天理高	14－1	智弁学園高	高田商	奈良大付高	初戦敗退
2011年	智弁学園高	8－3	桜井高	奈良高	畝傍高	ベスト8
2012年	天理高	13－6	畝傍高	橿原学院高	智弁学園高	ベスト8
2013年	桜井高	4－1	奈良大付高	大和広陵高	奈良朱雀高	初戦敗退
2014年	智弁学園高	8－0	天理高	大和広陵高	畝傍高	初戦敗退
2015年	天理高	8－1	大和広陵高	畝傍高	奈良高	初戦敗退
2016年	智弁学園高	6－5	天理高	郡山高	奈良大付高	2回戦
2017年	天理高	2－1	奈良大付高	智弁学園高	高田商	ベスト4
2018年	奈良大付高	10－9	天理高	橿原学院高	智弁学園高	2回戦
2019年	智弁学園高	12－5	高田商	法隆寺国際高	大和広陵高	初戦敗退
2020年	天理高	6－4	奈良大付高	高田商	智弁学園高	（中止）

Ⅲ　営みの文化編

赤膚焼（茶碗）

地域の歴史的な背景

奈良は、かつて都として栄えた。

平城京ができたのは、和銅3（710）年。元明天皇が律令制に基づいた政治を行なう中心地として、それまでの都だった藤原京から遷都。新しい大規模な都をつくった。そのモデルとなったのは唐（中国）の長安だった、という。平城京を中心に天平文化が花開いた。

そのはるか昔の栄光を伝える建築物や自然が今に残されている。奈良市にある歴史的に重要な八つの寺社などが、平成10（1998）年に世界遺産「古都奈良の文化財」として登録された。

古代奈良で特筆しておかなくてはならないのは、「奈良三彩」の存在である。

奈良時代の8世紀に、日本で焼成された三彩陶器である。緑・黄・白を基調とする。唐三彩の影響を受けての焼成が明らかである。平城京内かその近傍でつくられた、と考えられるが、窯は定かでない。現在知られている奈良三彩は、正倉院に伝わる三彩と緑釉・黄釉・白釉などの陶器の57件である。しかし、近年、他地方からの出土例も多く、奈良文化の伝播を示している。

主なやきもの

赤膚焼
あかはだ

奈良市五条町の五条山で焼かれる陶器。開窯の時期は不詳であるが、一説には、郡山に入城した豊臣秀長が天正年間（1573～92年）に常滑（愛知県）の陶工を招いたことに始まる、という。

だが、赤膚焼が活況を呈するようになったのは、寛政4 (1792) 年に郡山藩主となった柳沢保光 (尭山) の後援を得てのことであった。その頃には、すでに五条山の藩有林内 (現在の赤膚山辺り) を中心に生産体制が整えられており、地名にちなんだ赤膚焼の名が一般化し始めたようである。

　保光の没後、赤膚焼は経営危機に直面したが、幕末近くに名工奥田木白 (寛政12〜明治4〈1800〜71〉年) が出現して赤膚焼の名を広めた。木白は、藩の御用小間物商の子として郡山に生まれ、家業を継ぐ傍ら茶や俳句をたしなむ風流人であった。天保6 (1835) 年に楽焼を始め、瀬戸焼・萩焼・唐津焼・京焼などを研究。金銀絵や錦絵なども学んだ。そして、天保11 (1840) 年から、赤膚山の窯元伊之助に本焼を依頼して、販路を拡大していった。木白の作品では、陶胎に彩色した香合と、奈良絵と称される大和絵風の絵付の茶陶器が特に好評であった、という。

　嘉永年間 (1848〜1854) 年には、五条山の元々の窯から東西に分立して3窯となった。元の窯を「中の窯」と呼び、後の2窯をそれぞれ「東の窯」「西の窯」と呼んだ。

　赤膚焼は歴史を通じて茶陶が主流であり、その特徴は、鉄分を含み赤みを帯びた陶土と藁や広葉樹の灰を主体としたまろやかな乳白色の萩釉、そして奈良絵と呼ばれる絵付である。総じて、素朴で雅味に満ちている、といえよう。

　なお、赤膚焼と称されるものは数多くあるが、東の窯・西の窯は現存していない。現在、奈良の伝統工芸として大和郡山市を中心に6窯が操業している。

Topics ● 土器にみる平城京

　平城京跡からは、数々の土器が出土している。

　例えば、貴族邸とみられる建物跡と共に出土した、「宮寺」などと墨書された土器である。この土器は、建物跡よりも時代をさかのぼる奈良時代中頃の遺構から出土とした、という。宮寺は調査地より西方にある法華寺の前身で、藤原不比等邸の娘の光明皇后が受け継いだ、とされる。さらに、「菅家」とおぼしき墨書土器も同時代後半の土杭から見つかり、これらは居住者と関係する可能性もある、という。

　また、長屋王邸宅跡からは、朝鮮半島の伝統的なすごろく「ユンノリ」の原型とされる「樗蒲」（和名・かりうち）の盤面とおぼしき文様が描かれた土器も発見された。それは、直径19.6センチ。直径8センチの円とそれを6分割する点状の線が引かれ、すごろくのスタート地点とみられる「出」の文字が記されていた、という。土器を板にして遊んだとみられ、古代の娯楽を考察する上で貴重な資料になりそうだ。ちなみに、ユンノリは、4本の木の棒を転がしてでた目に応じてコマを進める遊び。奈良時代に朝鮮半島から伝来した、とされている。

IV

風景の文化編

地名由来

「奈良」という地名はどこにでもある

　私は信州の山の中で育ったのだが、小さい頃から不思議に思っていたことがある。それは隣の集落名が「奈良尾」という地名だったことである。こんな山の中にどうして都の名前である「奈良」があるのかと、子ども心に疑問に思っていた。

　地名研究を始めて、その「奈良」というのが都を意味するのではなく、単なる地形に由来することを知って合点がいった。「奈良」は「平す」の意味であって、土地を平らにしたところにつけられる地名なのである。「奈良尾」とはまさにならした土地の尾、つまり平地が崖で切れるその地点を指している。

　奈良の都の「奈良」には、昔は朝鮮語で都のことを「奈良」と呼んだという説と、土地をならすという意味だという2つの説が取りざたされていた。今では土地をならすという説で収まっている。その根拠は「奈良」という地名は全国どこにもあるということだ。奈良には意外に少なく、むしろ関東や長野県に多い。長野県などの山の中に多いのは、山で覆われた土地を開きならした土地が多かったからである。

　肝心の奈良県については、『日本書紀』に以下の記述がある。

「復大彦と和珥臣の遠祖彦国葺とを遣して、山背に向きて、埴安彦を撃たしむ。爰に忌瓮を以て、和珥の武鐰坂の上に鎮座う。則ち精兵を率て、進みて那羅山に登りて軍す。時に官軍屯聚みて、草木を蹢躙す。因りて其の山を号けて、那羅山と曰ふ」

　これは崇神天皇が抵抗勢力を抑えるために軍を起こした時の記述である。これを見ると「奈良」が「平城京」と呼ばれた所以も理解できよう。

　「奈良」は古くは「那羅」「平城」「寧楽」とも書かれたが、慶応4年（1868）1月「大和国鎮撫総督府」を今の奈良市に置き、同年5月に総督府を「奈良県」に改めたのが始まりであった。これは戊辰戦争に当たって、佐幕派

討伐のために置いた征討軍の拠点であった。しかし、この段階では各藩領や十津川領は含まれていなかった。

　明治4年（1871）7月の廃藩置県で「郡山県」「高取県」「柳生県」などが林立したが、同年11月にはそれらを統合した「奈良県」が成立した。ところが、明治9年（1876）4月に、「奈良県」は隣の「堺県」に合併されてしまい、消滅してしまう。この時同時に消滅した県には、ほかに「鳥取県」「香川県」「宮崎県」など多数があったが、この4県はその後復活を遂げる。

　しかし、その復活の経緯はたやすいものではなかった。明治14年（1881）2月、「堺県」は「大阪府」に編入されてしまったので、「奈良県」は「大阪府」の一部になってしまった。

　最終的に「奈良県」が復活・独立するのは明治20年（1887）11月のことであった。

とっておきの地名

①飛鳥（あすか）　「アスカ」は一般には「飛鳥」だが、行政上は「明日香村」である。「明日香」は単なる当て字であって、漢字そのものには意味はない。「アスカ」地名はもともと「スカ」地名であって、川などの周辺の砂地を意味している。「須賀」「須加」「菅」などの漢字が当てられる。

　「飛鳥」というと、昔ここに鳥がいたのでは、という説もあるが、この地から見える「三輪山を中心にした山容」に間違いなく由来している。飛鳥から三輪山方面を見ると、真ん中に「三輪山」、向かって左に「龍王山」、右手に「巻向山」が並び、それがあたかも大きな鳥のように飛鳥に向かって飛んでくるように見える。「飛ぶ鳥の明日香」と詠まれた「飛ぶ鳥の」という枕詞に由来すると考えてよい。

②斑鳩（いかるが）　「斑鳩」も普通は「いかるが」とは読めない。法隆寺で知られるこの地は、何かと聖徳太子にまつわる話が残っている。地元の人の話では「昔、聖徳太子のところに斑鳩（まだらばと）が飛んできたところからこの地名がついた」と言っていたが、地名にはこのような話はつきものなので、聞き流しておこう。

　真実は意外に単純で、「斑鳩」とは「イカル」という鳥の古称である。「斑

IV　風景の文化編　　**157**

鳩」という文字はすでに『日本書紀』に見られるが、イカルは鳩ではなく、スズメ目アトリ科に属する鳥の一種である。色彩は華美、嘴は黄色、頭部が黒いが、全体としては白い印象を与える鳥である。

③雲梯（うなて）　「雲梯」をなぜ「うなて」と読むのか。「うなて」は「溝」「池溝」とも書かれ、もともと田に水を引く溝を意味していた。崇神天皇は62年に、「農は天下大きなる本なり」と言っていたということが『日本書紀』に書かれている。そこでは「池溝（うなね）」と書かれているが、漢字では「宇那堤」「宇那手」「卯名手」とも書く。堤防という説もあるが、本来の意味は「溝」である。

『日本書紀』で「池溝」と書かれていたものがなぜ「雲梯」に転訛したのか。「雲梯」は「うんてい」と読み、昔は城を攻める時に使った折りたたみ式の梯子を意味していた。それを考え併せると、稲を育てるための「水路」を「雲梯」に見立てて、このような表記にしたものであろう。

④春日（かすが）　「春日」と書いてなぜ「かすが」と読むのかも難問の1つだが、これも「春日」につく枕詞によるものと考えてよい。「カスガ」は「水気の乏しい地」「傾斜地」などの地形によるものと考えられるが、その土地に付す枕詞に注目してみたい。『万葉集』で「春日」につく枕詞を挙げてみると、「春がすみ」「かすみ立つ」のように、「霞んで見える山」ということから「霞山（かすみやま）」ではなかったかと考えられる。「春日大社」が創建されたのは神護景雲2年（768）のことで、その後、春日神社が全国に広まることによって、全国的に「春日」という地名が広がっていった。

⑤京終（きょうばて）　奈良市の南にある町名である。「京」とは「京都」のことではなく、「平城京」の都のことである。「バテ」は「終わる」に由来するが、時間的に終わるというだけでなく、地理的に「終わる」、つまり「一番はし」という意味にもなる。

京都でも同じで、平安京の場合は東西の縁辺部を「京極」と呼んでいた。中心部の「新京極」は中心部に「新しくつくった京極」という意味である。

京終は元興寺の南、大安寺の東側に位置し、平城京のちょうど東南の「終（ばて）」を意味していた。

⑥**御所**
これも難読地名の1つだ。この地は古来「巨勢氏」が勢力を張っていたので、その「巨勢」が「御所」に転訛したのではという説もあるが、確証はない。『御所市史』によると、この地にある「三室山」が由来ではないかという。小さな山だが、この山はもともと「御室山」で神の住む「神奈備山」として信仰の対象でもあった。

現在の町名も「三室」であって、それが「御室」になり、さらに「御諸」となり、これを「ごせ」と読んだのではないかという。まとめると次のようになる。

「三室」→「御室」→「御諸」→「御所」

⑦**當麻**
「當麻寺」に象徴される地名である。この地は大和国と河内国との国境につながる峠道の下に当たり、「當麻」とは「たぎたぎしい」という形容詞によるものである。「たぎたぎしい」とは古語で「でこぼこのあるさま」を意味しているというのが通説になっている。一方では、「たぎつ」(滾つ・激つ)という言葉は「水が激しく流れるさま」を言う言葉でもあるとされている。

⑧**海石榴市**
三輪山の南西山麓で、初瀬川の北側に位置する地域、かつてはここに「市」が置かれていた。この地は、初瀬川の下流に相当する大和川からの舟運のターミナル地点である一方、伊勢に向かう初瀬街道の入口にも当たり、古来交通の要衝であった。

また、仏教伝来の地としても知られ、欽明天皇13年10月に、百済の王が仏像と経典を献上したとされている。

「海石榴」は「椿」のことで、古来この一帯には椿の花が咲いていたことによる。「海石榴」という漢字を分解してみると、「海・石榴」となり、「海榴」とは「ザクロ」のことである。そこで、ここに咲いていたのは「海ざくろ」ではないかと推測される。

⑨**十津川**
「十津川村」は明治23年(1890)、それまであった「北十津川村」「十津川花園村」「中十津川村」「西十津川村」「南十津川村」「東十津川村」の6つの村が合併されて成立した。すべて「十津川」にちなんでいることをみても、この村が十津川という川に由来することは

Ⅳ　風景の文化編　　**159**

明らかである。

「十津川」は、川の名前も「とつかわ」と濁らない。十津川は熊野川の上流域の名称であり、和歌山県に入ると北山川と合流して太平洋に流れ込んでいる。

「十津川」の由来として、十の川が合流してできているので「十津川」になったという説もあるが、真実は「遠つ川」（遠い川）であろう。どこから遠いかというと、高野山から見て「遠い」というのが定説になっている。

⑩三輪山・箸墓　卑弥呼の墓かどうかと話題を呼んでいる箸墓古墳は三輪山の麓にある。「三輪山」の麓に大和国一宮である「大神神社」が鎮座する。この神社には麻糸で結ばれた神と女という伝承がある。

その昔、活玉依昆女という美しい姫がいたが、そこに毎夜類まれな美男が訪れ、やがて姫は妊娠した。両親は「結婚もしてないのに、どうして身ごもったか」と問い、事情を知ると、「糸巻きに巻いた麻糸を針に通し、それを男の衣に通しなさい」と言った。

姫は言われた通りにして翌朝見ると、麻糸は三輪山の神社の前でとまっていた。身ごもった子は神の子だとわかったという。残された麻が三輪（三巻）残っていたので、この地を「三輪」（味和）と名づけたという。

また『日本書紀』によると、こんな話もある。

倭迹々日百襲姫が大物主神と結婚した。しかし、神は夜しか来ないので、姫が「なぜ昼間は来ないのですか」と問うと、「もっともなことだ。明日の朝、あなたの櫛箱に入っていよう」と言ったという。

夜が明けて箱を開けてみると、中にはまことに麗しい小蛇が入っていた。姫が驚きの声を上げると、その蛇は立派な若者に変身し、「お前は私に恥をかかせた。今度はお前に恥をかかせてやろう」と言って空の彼方に飛んでいってしまった。姫は空を仰いでドスンと座り込んだ時、箸で陰部を突いて死んでしまった——という話である。

難読地名の由来

a.「畝傍山」（橿原市）**b.**「平群」（生駒郡平群町）**c.**「多武峰」（桜井市）

d.「杏」（奈良市）**e.**「忌部」（橿原市）**f.**「弥山」（吉野郡）**g.**「吉野水分神社」（吉野郡吉野町）**h.**「賀名生」（五條市）**i.**「忍阪」（桜井市）**j.**「多」（磯城郡田原本町）

【正解】
a.「うねびやま」（田の畝のような稜線から）**b.**「へぐり」（古代豪族・平群氏の本拠地）**c.**「とうのみね」（たくさんの峰が続くことによる）**d.**「からもも」（「唐桃」即ち「杏〔あんず〕」に由来する）**e.**「いんべ」（古代祭祀を司った忌部氏にちなむ）**f.**「みせん」（仏教の宇宙観に基づく想像上の山岳である「須弥山〔しゅみせん〕」による）**g.**「よしのみくまりじんじゃ」（「水分〔みくまり〕」とは「水配り」の意味で、水を治める神社）**h.**「あのう」（南北朝時代、南朝による統一を願って「叶名生〔かなう〕」としたが、後に転訛して「賀名生」となった）**i.**「おっさか」（「押坂」の転訛とされ、押し上げるような坂を指している）**j.**「おお」（古代豪族「多〔おお〕」氏を祀った神社名による）

Ⅳ　風景の文化編

商店街

東向商店街（奈良市）

奈良県の商店街の概観

　奈良県は奈良盆地を中心とした県北部（北和、中和）と山間地域が広がる県南部（吉野）では、地形だけでなく、人口および都市分布、産業構造、交通条件など地域的特徴が大きく異なる。奈良盆地南部の諸都市（橿原市、桜井市、宇陀市）は、盆地と山間地域をつなぐ谷口集落的性格を持っている。また、大阪市の影響が強く、特に大阪の通勤圏に含まれる北部では、購買行動においても大阪あるいは京都に依存する割合が高いと見られる。

　県最大の商業集積地は奈良市であるが、2014年の「商業統計調査」によれば、県全体に占めるシェアは小売店舗数で22.6％、販売額で29.8％と必ずしも高くない。奈良市に次ぐのが橿原市で、店舗数では10.5％、販売額では14.1％を占めており、中部の商業中心になっている。その他、大和郡山市、生駒市といった県北部の都市のシェアが高くなっている。注目されるのは大和高田市で、年間販売額の県内シェアは1970年の10.0％から2014年には5.3％に大きく低下した。

　奈良県全体で100近い商店街組織があるが、規模が大きいのは奈良市の中心商店街と天理市の天理通り沿いの商店街である。奈良市の中心商店街は観光客、天理通り商店街は天理教関係者の往来が多い。奈良市以外では、主要な鉄道駅前を中心に商店街が形成されてきた。JRと近鉄線が交わる桜井駅周辺には規模の大きな商店街が形成されていたが、現在はシャッター通りとなっている。また、大和高田市や御所市の商店街、大和郡山市の城下町時代から続く商店街、盆地中央部に位置する田原本町駅周辺の商店街も、以前の賑わいを失っている。これらの地域では郊外型店舗の立地拡大、大型店の開店が商店街に及ぼした影響が大きかった。一方で、住宅開発による人口増加が著しい橿原市八木駅周辺や生駒市生駒駅周辺、奈良市学園前が商業集積地として成長している。これらの集積地には商店街も

162　　【注】この項目の内容は出典刊行時（2019年）のものです

あるものの、大型商業施設の占めるウェイトが大きく、商業機能だけでなくその他のサービス機能も集積し、地域の中心地となっている。盆地南西部の交通結節点である王寺駅前の商業集積地も同様である。

　南部の山間地域には商店が数店集まっているところはあるものの、商店街と言えるものは見られない。山間地域住民は吉野川沿いの商業地に依存しており、時には盆地内の商業地まで足を伸ばしていた。吉野川沿いでは、交通の要衝で近世に代官所が置かれていた五條駅前の商店街が代表的なもので、大淀町下市口駅前、上市町にも同様の商店街が形成されており、それぞれが異なる川筋を後背地としていた。これらの商業地は、共通して旅館や料理屋が多いといった特徴を持っているが、いずれも近年は衰退傾向にある。

　もう1つ特徴的な商店街として、寺社の門前に形成された商店街がある。桜井市長谷寺の「門前商店街」や生駒市宝山寺の商店街はその代表であろう。前者は初瀬街道沿いの商店街と一体化しており、密度は低いものの最寄りの長谷寺駅前から長谷寺まで約1km店舗が続いている。一方、宝山寺では生駒ケーブル宝山寺駅から石段の両側に飲食店や土産物店が並ぶ「参道商店街」のほかに、ケーブル下にも「元町商店街」があり、後者は生駒駅前の商業集積と一体のものになっている。

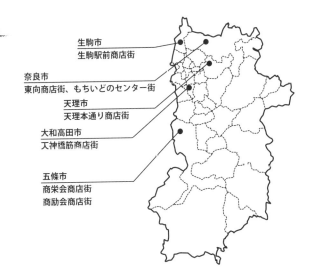

Ⅳ　風景の文化編　　163

行ってみたい商店街

東向商店街、もちいどのセンター街 （奈良市）
—古都の中心商店街—

　JR 奈良駅からホテルや飲食店などが並び観光客の往来も多い三条通りを猿沢池方向へ 10 分ほど歩くと、東向商店街アーケードの南入口に至る。その少し先にはもちいどの（餅飯殿）センター街のアーケードが南に伸びている。三条通り沿いの商店街とともに奈良市の中心商店街として市民に親しまれている。

　東向商店街は三条通りと近鉄奈良駅のある大宮通りまで約 300 m の商店街で、大宮通りの北はアーケードのない東向北商店街になる。東側は興福寺領で、古くは通りの西側にのみ家屋があったことから「東向」と呼ばれるようになった。1914 年に大阪電気軌道（現・近鉄奈良線）が開通し、駅前に商店街が形成されるようになり、高島屋百貨店、大軌百貨店（近鉄百貨店の前身）も出店していたが、現在は存在しない。戦後、近鉄沿線の人口増加などにより商店街は活況を呈するようになり、1984 年にアーケードが再建された。近鉄を利用する観光客はこの商店街を利用することが多く、奈良漬けなどの土産物店や老舗に交じって観光客向けの飲食店、雑貨店が増えている。

　餅飯殿の名は、昔、東大寺の高僧がこの地の若者衆などを引き連れて大峰山の大蛇退治をした時に、たくさんの餅や干し飯を持っていったという故事によるという。最近はひらがなで表記することが多い。奈良で最も古い商店街の 1 つで、商店街を南へ抜けた一帯は古い街並みが人気のならまち地区である。買回り品店などが軒を連ねる県下一の商店街として賑わっていた。創業 100 年を超す老舗も多い商店街であるが、奈良市役所が移転したことなどにより 1970 年代末頃から客足が遠のき始め、2000 年頃からは空き店舗が目立つようになってきた。このような状況に対して、跡地を商店街が買い上げ、2007 年に若手企業家のための商業インキュベータ施設「もちいどの夢 CUBE」をオープンし、雑貨店などミニ店舗が 10 店ほど入居している。また、2008 年には地元に不足していた業種として食品系スーパーマーケット Okest を誘致し、店舗前に設けられた OK 広場では各種イベントを開催している。これらの取組みにより通行量は回復傾向にあり、新規出店により空き店舗は減少している。

生駒駅前商店街（生駒市）
—生駒山麓に広がる住宅衛星都市の商店街—

近鉄電車奈良線で大阪市の中心部から約20分、生駒トンネルを抜けると生駒山麓に位置する生駒駅に到達する。大阪市内から通じるもう1つの路線近鉄けいはんな線が合流し、南へは生駒線が分岐し乗降客数は多い。駅の南西約1.5kmにある宝山寺は古来聖天信仰の霊場として名高く、1914年の生駒駅開設により参詣客が増え、駅前から宝山寺に至る参道には料理屋や飲食店、旅館、土産物屋が軒を連ねていた。

1970年頃から沿線の住宅開発が進むと駅周辺で商業集積が拡大し、駅前の再開発事業が実施された。南口再開発ではアーケード整備も行われ、1992年からの北口再開発では近鉄百貨店や専門店などが入る商業ビル、複合施設が整備されるとともに、南北両地区はデッキで結ばれて一体化されている。地元商店の多くは新しくできた商業施設に入居しており、地域商業に及ぼしたマイナス影響は少なかったと言われている。複合施設には公共機関や文化施設なども入っており、県西北の新しい中心として活気がある。

駅前にある4つの商店街と2つの専門店街、大型商業施設が生駒駅前商店街連合会を結成しており、商店街活性化に取り組んでいる。2008年には関西で最初に100円商店街を開催し、すでに40回以上の開催実績がある。八百屋や文房具店、日用品店など商店街の商店に加えて百貨店も参加しており、多くの人出で賑わっている。

天理本通り商店街（天理市）
—天理教本部の門前町としての性格が強い商店街—

JRおよび近鉄天理駅前から天理教本部までの間にある商店街。西半分の川原城商店街と東半分の三島商店街の2つの商店街からなり、全長約1kmのアーケードは奈良県最長である。天理教が現在地に本部を移したのは1888年で、大正期に信者が急増し本部の整備を行った（大正普請）のを機に、信者輸送などを目的にして1915年に天理軽便鉄道（現・近鉄天理線）が開通し、国鉄線丹波市駅（天理駅）の西隣に川原城駅が開設された。この頃から神殿周辺に商業機能を伴う門前町の形成が見られ、次第に駅方面へ伸びていったものと考えられる。

店舗数は190店ほどで、洋装品店、履物店、食料品店に加えて飲食店、

土産物店が比較的多いが、露台に商品を並べて販売する店、辻々に出ている回転焼（どら焼き）の露店など様々な商店が存在し、賑わいを見せ、空き店舗は比較的少ない。天理教神具装束店舗や琴、太鼓など祭儀に用いられる楽器を取り扱う店舗、商店街を行き交う天理教の法被を着た信者など、随所に天理教本部の門前町の特徴を見ることができ、特に毎月26日の天理教の月次祭には天理教信者や観光客で混雑するほどである。しかし、近郊への大型小売店の進出による買い物客の減少、商店主の高齢化、後継者不足などの課題を抱えている。商店街組合では2008年に空き店舗を利用した賑わいづくりの拠点として「てんだり―colors」を開設した。地元大学生を中心に運営されており、学生が販売する青空市や寄席、大学のサテライト講義などが開催されている。

天神橋筋商店街（大和高田市）
―産業都市の商店街の変貌―

　古くからの市場町で、明治に入って繊維産業などを背景に産業都市として栄えた大和高田市内には3つの駅前に商業集積地がある。近鉄大阪線大和高田駅前、近鉄南大阪線高田市駅前とJR高田駅前で、各商業中心地間は徒歩でも移動できる。このうち、形成時期が最も早いのがJR高田駅前の商店街である。

　JR高田駅西口を出て少し行くと、南へまっすぐ続く本郷商店街と右手に天神橋筋商店街のアーケードの入口が見える。天神橋筋商店街は約160m先でいったん途切れ、天神橋筋西商店街（約120m）に続き、両方を合わせて市の木を冠した「サザンカストリート」と呼ばれる。天神橋筋西商店街の西端から南へ本町商店街が伸びているが、現在、商店はかなり少なくなっている。天神橋筋商店街と天神橋筋西商店街の間には60年以上前まで高田川が流れており、商店街名は高田川にかかっていた天神橋に由来するが、現在は欄干を残すのみである。1891年大阪鉄道（現・JR和歌山線）が開通して駅が開設され、さらに1896年に駅北側に大和紡績（後のユニチカ）の工場が開業すると、周辺の人口が急増し、商店が立地するようになった。その後も周辺に各種の工場などが立地し、奈良県下有数の商店街が形成されるようになる。衣料品店や履物店など各種商店が軒を連ね、紡績工場の労働者などを対象とした映画館や劇場も数館存在し、奈良盆地中部の商業中心、繁華街として賑わっていた。鉄道を通して顧客圏は奈良県の中南部に広がっており、駅前や商店街に隣接してスーパーマー

ケットも進出していた。

　1977年にユニチカの工場が閉鎖され、市外周辺域で商業集積が進んだことなどにより、商店街利用者は大きく減少した。特に駅から離れるほど影響は大きく、天神橋筋西商店街の受けた打撃は大きかったようである。劇場や映画館も1館を残すのみで、高田のシンボルとも言える大黒座（高田劇場）跡は南河生鮮市場になり、ユニチカ工場跡には奈良県最初のショッピングセンターとしてオークタウンが開設されたが、老朽化により、2018年に新しい商業施設トナリエ大和高田に建て替えられた。

商栄会商店街、商励会商店街（五條市）
―吉野地方への出入口の商店街―

　JR五條駅の改札口を出て吉野川方面へ坂道を少し下りると、右手に商店街の入口が見える。吉野地方への出入口に当たる五條を代表する商店街として賑わった商栄会商店街である。古びているがカラー舗装された通りが500mほど続き、衣料品店や文具店など多彩な業種の看板にかつての繁栄ぶりをうかがうことができるが、現在はシャッターを下ろしている店舗が多い。吉野川の段丘面に位置する商店街の道路は起伏があり、自動車の通行もあって、特に高齢者の買い物には不便なように思われる。商店街の西端、市役所の手前から南へ段丘崖を下りるように商励会商店街が続いている。こちらの商店街も空き店舗が多いが、仕出し屋や旅館など谷口集落らしい業種も見られる。段丘崖を下りて国道24号線に出ると、イオンやファミリーレストラン、少し規模の大きな商店が見られる。これらの郊外型店舗の出現により、既存商店からの買い物客の流出があったと思われる。

　五條だけでなく下市口や上市にある商店街も共通するが、商圏としていた吉野地方の人口減少、高齢化などによる買い物客の減少の影響は大きく、空洞化が目立っている。しかし、旅館や仕出し屋、柿の葉寿司の店、種苗店など地域性を感じさせる商店が営業しており、どこか昔懐かしい商店街の風情を残している点でも共通しており、吉野へ出かけた際にはこれらの商店街にも訪れてみたい。五條では、重要伝統的建造物群保存地区に指定された吉野川沿いの新町通りには江戸時代の商家が多く残っており、おすすめである。

花風景

春日大社のフジ

地域の特色

紀伊山地が大半を占める内陸県であるが、県北部の奈良盆地が古代の飛鳥・奈良時代の政治・文化の中心地として国家の基盤を築き、都城や神社仏閣などを発展させた。奈良盆地は大和川が西流し、大和青垣と呼ばれる若草山、春日山、高円山や生駒山、葛城山、金剛山などに囲まれ、美しい土地を意味する「国のまほろば」と呼ばれた。西には大和高原が広がり、南には吉野川が西流し、吉野山を北端に大峯山系が連なり、北山川、十津川が蛇行しながら南流する。太平洋側の暖温帯の気候を示す。

花風景は、古代からの吉野山・近世の城郭・近代の奈良公園などの古くからのサクラ名所、春日大社などの由緒ある神社仏閣の花木など、歴史的なものが特徴的であるが、山地の花木の群生地なども見られる。

県花はバラ科サクラ属のナラノヤエザクラ(奈良八重桜)である。一説にカスミザクラの変種といわれ、白色から紅色に変化する花弁を幾重にもつける。知足院ナラノヤエザクラは国指定天然記念物になったが、この原木は枯れて、今その子孫が生育している。小倉百人一首の和歌「いにしへの　奈良の都の　八重桜　けふ九重に　にほひぬるかな」は有名である。

主な花風景

吉野山のサクラ
＊春、吉野熊野国立公園、史跡、名勝、世界遺産、日本さくら名所100選

サクラの名所としてあまりに著名。吉野川の南、大峯山系の入口8キロほどの尾根続きの山体を吉野山という。標高200メートルほどから850メートルに及び、サクラの見所は、低い場所から、吉野駅から七曲坂周辺の下千本、五郎兵衛茶屋から如意輪寺にかけての中千本、火の見櫓から花矢倉にかけての上千本、さらに奥の吉野水分神社、金峯神社、西行庵付近の奥千本の4カ所があげられる。標高差があることから、長い期間サクラを楽

168　凡例　＊：観賞最適季節、国立・国定公園、国指定の史跡・名勝・天然記念物、日本遺産、世界遺産・ラムサール条約登録湿地、日本さくら名所100選などを示した

しむことができることが特徴で、このような場所は他に類がない。吉野山のサクラはその大部分がヤマザクラである。

修験道の開祖とされる役行者が大峯山での苦行の後、蔵王権現の姿を得てサクラの木に刻み吉野山に祀り、その後サクラは神木として保護され、寄進と献木が長年にわたって続けられ、吉野山は一面のサクラの山になったと伝えられる。実際には、民衆の吉野山に対する信仰がサクラを植える行為と結びつき、西行が訪れた12世紀にはかなりの数のサクラが植えられていたのであろう。大規模な寄進としては、1538（天文7）年に摂津平野の商人、末吉勘兵衛による1万本の記録があり、江戸期には、吉野山を訪れる旅人にサクラの苗が売られ、代金を払って植樹するなどサクラの植栽が連綿と続けられ、サクラの山になっていった。しかし、明治維新後、廃仏毀釈の流れ、また、江戸期の伐採を固く禁じる掟の消滅とともに、経済的に有用な樹への植え替えを目的としてサクラが伐られる時期があった。一方で地元による保全運動も生じ、1894（明治27）年の奈良県による吉野公園の設置が実現し、サクラの名所の復興が進められていく。その後、大正時代に入り、南朝史跡の保存とサクラの名所の保全を目的とした地元団体が設立され、サクラの山の維持の中心となり、今日に至っている。

奈良公園のサクラとアセビ

*春、名勝、天然記念物、
日本さくら名所100選

奈良公園は、東大寺、興福寺境内の台地から若草山、春日山まで500ヘクタール以上の広域にわたる公園である。1889（明治22）年におおむねこの範囲がすでに公園に含まれている。3月下旬から5月上旬にかけて、エドヒガン、シダレザクラ、ソメイヨシノ、ヤマザクラ、ナラノココノエザクラ、ナラノヤエザクラなど多種のサクラが公園を彩る。若草山にはヤマザクラの大木が点在し、ソメイヨシノも植栽されているが、芭蕉の句とも伝えられる「奈良七重七堂伽藍八重桜」でイメージされる寺院とヤエザクラの織りなす風景が奈良公園の春を代表する。

ナラノヤエザクラ（奈良八重桜）は、この公園のサクラを代表する種類で、若草山山麓を中心に植栽されている。大正年間に植物学者の三好学が東大寺の塔頭の一つである知足院の裏山のサクラを見て、11世紀に伊勢大輔が「いにしへの　奈良の都の　八重桜……」と詠んだ八重桜であるとし、ナラノヤエザクラと命名した。カスミザクラが重弁化した品種と考えられ、

IV　風景の文化編　　169

公園に植栽されている個体は遺伝的に均質なクローンで、開花時期や紅葉時期は全個体ほぼ一緒で、他のサクラが花期を終えた後、最も遅く咲く。奈良県の花、奈良市のシンボルとしても指定されており、奈良市章はこの花をかたどっている。ナラノココノエザクラ（奈良九重桜）もこの公園に多く植栽されている種類であり、ヤマザクラが重弁化した一品種で、ヤマザクラ同様、花と同時に若い葉が出る。ソメイヨシノやヤマザクラに少し遅れて満開となる。かつて大正末から昭和初期に奈良県公園課長であった坂田静夫が奈良の八重桜よりも一段と美しいから九重桜と命名したが、1998（平成10）年にヤマザクラの園芸品種として記載された。サクラの時期には、花びらをついばむシカの姿も随所で見られ、奈良公園ならではの風景が展開する。

　奈良公園の早春を代表するアセビは、2月から3月には小さな釣鐘型の白い花を房状につける。強い毒性があり、シカがこれを食べないことから、奈良公園内のそこここで見られる。春日大社の神職たちが居住した社家町である高畑から春日大社に至る「下の禰宜道」の両側にはとりわけ多い。

郡山城跡のサクラ　　＊春、日本さくら名所100選

　大和郡山市は、大和盆地の北部のほぼ平坦な地に、戦国時代に郡山城が豊臣秀長の居城となり、城下の整備が進められ、城下町として発展する。郡山城の石垣、堀の多くは現在もその姿をとどめているが、春には、城の櫓を包み込むサクラの風景が印象的である。

　城跡のサクラは、1585（天正13）年に豊臣秀吉の命により多武峰の談山神社が郡山城の北に移された際、多武峰にあったサクラが城内に移されたのが始まりと伝えられる。1724（享保9）年に柳澤吉里が甲府より入城した際に多くのサクラを補植し、この時期には、藩士、町民に楽しまれていたという。明治になり城郭は取り払われたが、1880（明治13）年に旧郡山藩士により城跡の本丸に柳澤吉保を祀る柳澤神社が建てられ、その周辺にサクラを植え、かがり火をたいて夜桜が楽しまれた。その後明治後期には、町民の寄付金により3,000本が植えられている。

　ソメイヨシノをはじめ、ヤマザクラ、サトザクラ、シダレザクラが植栽されており、1980年代に復元された追手門、追手向櫓、東隅櫓を背景にして優美な姿をみせている。築城から400年を経過する郡山城天守台の石

垣は破損が進み、立ち入りが禁止されていたが、2017（平成29）年に修復と展望施設の整備事業が終了した。天守台からは、足下の城内にサクラを遠望すれば、若草山をはじめ奈良盆地を囲む大和青垣の山々がはるかに見渡せる。

春日大社のフジ　＊春、史跡、世界遺産

奈良市街地の東、御蓋山の麓に768（神護景雲2）年に造営された春日大社の社紋は下り藤。広い境内のそこここに、4月下旬になるとフジの花が明るさを添える。

フジは境内の随所に古くから自生していたといわれ、ここに氏神を祀る藤原氏ゆかりの花でもある。参拝客の絶えない本殿の南門左手には、「砂ずりの藤」と称される樹齢800年といわれる古木が長い花房を伸ばし、見事である。本殿から若宮神社にかけての御蓋山の斜面では、スギやナギに絡みつくフジが紫色の花を広げる。そして、境内の神苑萬葉植物園にある「藤の園」では、回遊式庭園に20品種、200本ほどのフジが植えられ、園内を巡ると次々に現れる紫、薄紫、ピンク、白のフジに圧倒される。ここでは、日本産のフジ、ヤマフジの品種ばかりでなく、中国産のシナフジの品種も見られる。

奈良公園に植物園を設置する構想は、1910（明治43）年頃から計画されていたが、28（昭和3）年の御大典記念事業として万葉植物園を設置する案が浮上し、万葉学者佐佐木信綱の尽力、大阪朝日新聞や大軌（現近鉄）、有志寄付金を得て、造園家大屋霊城の設計により32（同7）年に開設された。『万葉集』に登場する植物種を200種以上植栽したが、生育条件の違う多くの種を一定の区画に植え込むことには困難があったとされる。「藤の園」は、86（同61）年に拡張整備された際に設置され、フジは萬葉植物園のメインフラワーとなっている。早咲きの品種から遅咲きの品種までであるが、花期は短く、開花から2週間ほど。

矢田寺のアジサイ　＊春

奈良盆地の北西部、生駒山地と並行してその東側に矢田丘陵が連なる。その南部に盆地から100メートルほど高い傾斜地に矢田山金剛山寺（矢田寺）はある。あじさい寺として知られるこの寺は、6月ともなると境内に

Ⅳ　風景の文化編　　　171

水色、赤色、紫色、白色のアジサイが色とりどりの花をつけ、一気に華やかになる。

矢田寺のアジサイは、本尊の地蔵菩薩にちなんで、1965（昭和40）年頃から植え始めたという。アジサイの花色が変化することが「諸行無常」の心を示すこと、丸い花が地蔵菩薩の持つ宝珠の形を示すことによるという。広い境内には60種ほど、1万株の色とりどりのアジサイの花が植えられているが、品種が多いことから5月中旬から9月に開く花まで見ることができる。あじさい庭園では、高低差のある立体的な回遊式の庭を進むと、ところ狭しと植えられたアジサイに四周を囲まれ、あじさい見本園では、数多くの品種を一度に見ることができ、アジサイの栽培品種の多様さを感じさせる。

長谷寺のボタン　＊春・冬、大和青垣国定公園

近畿地方中央部、初瀬川が奈良盆地に流れ入る手前の谷底平野に出る地点に長谷寺はある。仁王門から入って正面に続くのが登廊で、4月下旬になると150種、7,000株にも及ぶというボタンが登廊の両脇に豪華な花を広げる様子は忘れることができない。花の寺といわれるこの寺は、春はサクラ、ボタン、初夏はアジサイ、秋は紅葉と四季を通じて参詣客で賑わう。

この寺のボタンについて寺伝では、唐の僖宗皇帝妃が長谷寺十一面観音を祈願したところ願いが叶い、お礼として宝物にボタンを添えて献上したことに始まるという。9世紀末ということになる。ボタンはもともと薬用として中国からもたらされ、奈良時代にはもっぱら薬用であったが、観賞用も栽培されるようになり、長谷寺の古文書には、1700（元禄13）年に登廊の両側にボタンを植栽した記録があるという。

長谷寺のボタンは12～1月にも見られる。春に蕾を、夏に葉を取り、藁の霜囲いをして保護し冬に開花させる寒牡丹と、温室で開花を調整した冬牡丹とが見られる。長谷寺では、多くの献木が行われ、ボタンの花が絶えない境内になっているという。

月ヶ瀬梅林のウメ　＊冬、名勝

近畿地方の中央部、奈良県と三重県、京都府の境界付近を流れ木津川に注ぐ名張川中流に月ヶ瀬はある。梅林の中を進めば、紅、ピンク、白の花

に包まれ、斜面に広がるウメの花の後ろに月ヶ瀬渓谷を見下ろす風景は、初春の風景として忘れられない。

　江戸時代には、紅花染の材料である烏梅の生産地として、文化文政年間（1810〜30年頃）には、月ヶ瀬村内には10万本近くのウメが栽培されていたという。月ヶ瀬梅林は齋藤拙堂による『月瀬記勝』が1852（嘉永5）年に刊行され、そこで賞賛されたことで、ウメの名所としての地位が確立する。明治時代になると、化学染料が導入され烏梅の需要がなくなり、月ヶ瀬のウメも次々に伐採されるが、幕末から明治時代にかけ、月ヶ瀬を探勝した紀行文は数多く記され、観梅の名所としての評価は高くなる。この名所を維持するために旧月瀬村による梅林保護が進められ、また、住民による活動も行われ、1922（大正11）年にわが国最初の名勝として指定される。第2次世界大戦の前には2万本といわれたウメの木は、戦後は半分までに減少した。69（昭和44）年に8キロほど下流に高山ダムが建設され、川沿いの水没する場所にあったウメは3,800本、移植したものもある。現在管理されているウメは約1万本という。

　明治時代から、月ヶ瀬での観梅のポイントとして、一目千本、一目万本、一目八景といった場所が順次紹介され、近くに咲くウメと背景の月ヶ瀬川の渓谷を共に楽しむ風景が親しまれてきた。現在は、渓谷の北側斜面から尾根沿いに広がる梅林が見どころで、一目八景からウメごしに眼下に見下ろす渓谷の風景は迫力がある。

室生寺のシャクナゲ　＊春、室生赤目青山国定公園

　奈良県の東北部から三重県名張市にかけての山地は、1,500万年前に活動した室生火山群である。この山地の中心部、室生川に沿って室生寺はある。4月に、仁王門をくぐり左手に延びる鎧坂の石段では、奥に金堂を見上げる右左にピンク色、赤色のシャクナゲに息をのむ。鎧坂の両側の他、灌頂堂（本堂）前、五重塔の下、そして奥の院への急な石段にシャクナゲが見られ、石段や建造物を背景に咲く姿が美しい。境内に3,000本あるという。

　室生寺の周囲の急峻な山々は外輪山ともいわれ、火山群の中央の山地から渓流が室生川に注ぎ、岩窟、奇岩、断崖が見られる。このような地形からか、山岳信仰や雨乞い祈願の場とされてきた。女性にも開かれた真言密

教の寺院として、鎌倉時代以降は「女人高野」として信仰を集めてきたが、現在はシャクナゲの寺としても知られる。これは、昭和初期に当時の管長がシャクナゲの寺にすることを考え、境内に自生していた株の手入れをしたことから始まったようである。1934（昭和9）年には、地元の人々により「シャクナゲ講」が設けられ、宇陀郡内の曽爾村、御杖村などで採取し、境内まで運び植えたという。その後、シャクナゲ講の人々によって、下草刈り、施肥、株の補植といった手入れが続けられたという。

『古寺巡礼』で知られる写真家土門拳は、1939（昭和14）年に訪れて以来、生涯、室生寺の写真を撮り続けたが、花を取り上げた写真は少なかった。しかし、78（同53）年の室生寺の最後の作品『女人高野室生寺』では、シャクナゲに彩られる鎧坂、金堂、五重塔をはじめ、花を撮っている。最後に花の風景を求めたのだろうか。

葛城山のツツジとカタクリ　＊春、金剛生駒紀泉国定公園

奈良県と大阪府の境界をなす金剛山地に標高950メートルほどの大和葛城山はある。高原状になった山頂付近は、5月にはヤマツツジの大群落に覆われ、一面が赤色に染まる。

このツツジは、1970（昭和45）年に一帯を覆っていたカツラギザサが花をつけて枯れるとともに姿をみせ、一斉に生長して一大群落になったという。葛城山頂の南西側は、ヤマツツジの他、モチツツジ、コバノミツバツツジツツジが広がる。65（同40）年刊行の『御所市史』では、葛城天神社から山頂までカツラギザサ一色に塗りつぶされていて、ササの根元ではカタクリが繁茂していると記されており、山頂の北東側もササ原で現在とはだいぶ違った風景であった。山頂一帯はかつて麓の櫛羅集落の共有地として利用されてきていたが、葛城天神社の境内地だけはブナ林として残されている。神社は大正時代に櫛羅の神社に合祀されていたが、67（同42）年、葛城山上までのロープウェイ設置に合わせ、山上駅近くに神社の新社殿が造営され、再び山の神として祀られることとなった。一帯にはかつてカタクリが広く見られたとされるが、現在は、山上駅から北側に延びる自然研究路を行けば、4月に可憐な花が見られる。

公園／庭園

奈良公園

地域の特色

奈良県は近畿地方の南部にある内陸県で、県北部の奈良盆地が6世紀末から8世紀末の飛鳥・奈良時代を通して、大和の国としてほぼ政治・文化の中心となった所である。天皇制中央集権国家の建設、大陸文化の移入、仏教の奨励、都城の造営、律令体制の確立、記紀・風土記の編纂などと日本国家の基盤を築き、寺院建築・仏像・絵画などの飛鳥・白鳳・天平文化を生みだした。奈良盆地は大和青垣と呼ばれる若草山、春日山、高円山や生駒山、葛城山、金剛山などに囲まれ、美しい土地を意味する「国のまほろば」と呼ばれた。奈良盆地の西には隆起準平原の大和高原が広がり、近年、大和茶の産地として注目されている。南には桜の吉野山をはじめ、仏教ヶ岳（1,915m）を最高峰とする大峰山脈、大台ヶ原山を中心とする台高山脈などが南北に連なり、その間を北山川、十津川が蛇行しながら南流する。

世界文化遺産は1993（平成5）年の「法隆寺地域の仏教建造物」、98（平成10）年の「古都奈良の文化財」、2004（平成16）年の「紀伊山地の霊場と参詣道」と多い。しかし、明治新政府の神仏分離令による廃仏毀釈の嵐は多くの文化財を消失していた。これを救ったのが1880～86（明治13～19）年に京都・奈良を調査したアメリカのアーネスト・フェノロサと岡倉覚三（後の天心）であった。

その後、日本人も正岡子規の「柿くへば鐘が鳴るなり法隆寺」（1895）の句や、高浜虚子『斑鳩物語』（1907）、和辻哲郎『古寺巡礼』（1919）、亀井勝一郎『大和古寺風物詩』（1942）などが奈良を評価していく。平城宮跡も、建築史家で後に東大教授となる関野貞が、農地に大極殿の基壇を見つけ、1907（明治40）年、ようやく明らかになったものである。

自然公園は山岳を中心とし、都市公園・庭園は奈良の歴史を反映したものが特徴的である。

凡例　自然公園、都 都市公園・国民公園、庭 庭園

主な公園・庭園

吉野熊野国立公園大台ヶ原 *ユネスコエコパーク、日本百名山

　吉野熊野国立公園は中生代の水成岩からなる壮年期の険しい大峰山脈、隆起準平原の大台ヶ原と大杉谷、熊野川の支流北山川の北山峡・瀞峡、太平洋に臨む熊野海岸、そして、霊場の吉野山と熊野三山からなり、三重県・奈良県・和歌山県にまたがる多彩な公園である。吉野熊野国立公園は初期の候補地段階では「大台ヶ原国立公園」であった。大台ヶ原のトウヒ林の原生的景観を核心部と考えたからである。1931（昭和6）年、審議のための委員会に諮られた内務省案は「大台ヶ原及大峯山国立公園」となり、最終的には「吉野熊野国立公園」と大きく名称を変えた。ここには多様な力学が働いていた。「大台ヶ原国立公園」から「吉野熊野国立公園」への動きは、近代的風景から伝統的風景への回帰を志向する動きをみせている。もちろん、これは単なる回帰ではなく、風景に対する新たな意味付けが働いていた。原生的な山岳景観という自然表象よりも由緒ある故事来歴をもつ歴史表象の意味付けに傾いたのである。吉野熊野国立公園は、結果的に大台ヶ原を含むものの、「吉野」と「熊野」という古くからの名所であり、神武天皇東征神話、後醍醐天皇墓所などの皇国史観とも深く関わる由緒ある地名を冠したのである。

　国立公園は単なる自然空間にとどまるものではなく、イデオロギーを示す表象空間ともなった。当然、観光振興の力も働いていた。この大台ヶ原から吉野熊野への転回は、国立公園当局が意図して誘導したものではなく、1931（昭和6）年以降の満州事変から太平洋戦争に向かう時代背景があったのであり、むしろ世論がそれを支持していた。この吉野熊野国立公園案は奈良県、和歌山県の地元で準備され、特に熊野は地元の写真館による風景写真の影響によるものであり、地元の要望と地元が宣伝する風景を追認したにすぎないと指摘されている（水谷、2014、pp.89〜97）。大台ヶ原は1973〜74（昭和48〜49）年度に民有地買い上げ制度により核心部が県有地化され、後に環境省所管地となる。地域制公園の営造物公園化である。80（昭和55）年、大台ヶ原は生物圏保存地域のユネスコエコパークに登録、2016（平成28）年、大峰山・大杉谷まで拡張された。05（平成17）年、大台ヶ

原自然再生推進計画を樹立、翌06（平成18）年、西大台利用調整地区が指定され、わが国で初めての入山制限が実現する。

🔵 吉野熊野国立公園吉野山　＊世界遺産、史跡、名勝

　吉野熊野国立公園は山岳・河川・海岸からなり、当時は異端の国立公園であった。国立公園指定の中心人物林学博士の田村剛は、国立公園は一つの風景型式で一つのまとまりある区域にすべきと考えていた。結果的には北山川、熊野海岸は線状となり、吉野山、那智山は飛地となる。田村の意に反し、世論にとって吉野山と熊野三山は国立公園として必要不可欠の場所であった。吉野山は一目千本といわれ、下千本・中千本・上千本・奥千本からなる全山桜の名所である。豊臣秀吉の花見の豪勢な宴は有名であり、松尾芭蕉、貝原益軒、本居宣長などの多くの文人たちも訪れている。しかし、もともと桜の名所ではなく、古代は天皇が飛鳥から行幸される寂しい山岳信仰の地であり、やがて金峯山寺を中心として、大峰山とともに修験道の霊場となった所である。大峰山脈は仏教ヶ岳（1,915m）を最高峰とし、近畿の屋根、大和アルプスと呼ばれた人を寄せつけぬ山岳地帯である。桜は修験道の本尊蔵王権現の御神木として植えられた（一説に修験道の開祖役行者ゆかりの木ともいわれる）。1205（元久2）年の『新古今和歌集』1,978首には吉野山、大峰山でも修行をした西行の歌94首がとり上げられ、そのうち57首が吉野山の桜の歌となる。西行は吉野山の桜を定着させ、以後、花は吉野、紅葉は竜田などの歌枕の固定観念が普及する。

🔵 月ヶ瀬神野山県立自然公園月ヶ瀬　＊名勝

　月ヶ瀬は渓谷の梅林で名高かった景勝地であったが、現在はダム湖と梅や桜の風景となっている。1830（文政13）年、儒学者・漢学者の斎藤拙堂が月ヶ瀬に遊び紀行文『梅谿遊記』を執筆するが、頼山陽の添削によって名文となる。のちの1851（嘉永4）年には『月瀬記勝』として刊行され、頼山陽の『耶馬渓図巻記』と並ぶ漢文紀行文の傑作とされ、拙堂と月ヶ瀬が不動のものとなる。拙堂が渓谷の梅林を漢文で褒めたたえたのは、中国の文学や絵画で賞賛されていたからである。月ヶ瀬の梅林は、出羽（現山形県）の紅花で染色した絹が江戸や京・大坂ではやり、その染色の触媒として燻製にした梅の実「烏梅」が必要とされたからである。つまり生業の風景が

IV　風景の文化編　　177

中国の風景観に基づく拙堂と山陽の名文によって一大名所に仕立てあげられたのである。1922（大正11）年、わが国最初の名勝の一つとなる。

都 奈良公園（なら）
＊世界遺産、名勝、史跡、天然記念物、国宝、重要文化財、日本の都市公園100選、日本の歴史公園100選

　奈良市街地東部に広がる502.38haの広大な都市公園である。このうち、市街地にかかる平坦部が39.82ha、山林部が国指定特別天然記念物の春日（かすが）山原始林やその奥山を含む462.56haであり、都市域にありながら非常に豊かな自然環境を享受することができる。「都市公園」奈良公園の区域は飛地（とびち）状になっているが、その境界は周辺環境に溶け込み、山の緑が市街地に流れ込んでいるような一体感のある風景が広がっている。日本を代表する文化財が高密度に集積している場所でもあり、かつこの公園の存在自体もまた、貴重な文化財として価値付けられている。都市公園区域に東大寺、興福寺（ふくじ）、氷室神社（ひむろじんじゃ）など数多くの古社寺境内地や一部の民有地などを加えた約563haのエリアが1922（大正11）年に国内で初めての「名勝」に指定され、現在にいたる。この指定地内には、国指定重要文化財の建造物が32棟（うち国宝は12棟）、国指定史跡4件、国指定名勝1件が含まれており、これら貴重かつ豊富な歴史文化遺産と自然要素の絶妙な融和が醸し出す（かも）独特の風致（ひ）が、県内外、国内外から多くの人々を惹きつけている。

　このような特性は、本公園の成り立ちと深く関係している。「都市公園」および「名勝」奈良公園の立地基盤になっているのは、奈良時代、平城京の東部に張り出した「外京」（げきょう）に創建された興福寺、東大寺を中心とする寺社境内地と、その背後の山林である。平城京廃都以降、奈良の町はこの外京に建立（こんりゅう）された寺社を中心に発展をとげ、まさにこの一帯は、町の発展の中枢であった。しかし近代に入り、全国的な廃仏毀釈（はいぶつきしゃく）の動向と社寺領上知令（しゃじりょうあげ）（ちれい）によってこの地の寺院は大打撃を受け、破壊や撤去が相次ぐ状況となる。この窮状（きゅうじょう）を見かねた町の有志14名が、興福寺の旧境内地内外に花木植栽などを施して人々を誘引する場所に復興したいと申し出た。この動きが契機となり、1880（明治13）年、太政官布告に基づき、興福寺旧境内を中心とする小規模な「奈良公園」が開設された。その後、87（明治20）年に再設置された奈良県により、拡張と整備が本格的に推進されていった。89（明治22）年3月に告示された新たな奈良公園の範囲は近隣の社寺境内地と山野を広くとり込んだもので、ほぼ名勝指定地の範囲に該当する。この拡

張整備の目標には、奈良観光の一大拠点の形成と貴重な歴史文化遺産の保存の二つが掲げられており、この両者は現在にいたるまで奈良公園の代表的機能として付随し続けている。古くから「神鹿」として守られ随所に棲息する鹿は、国の天然記念物に指定されており、観光対象としてはもちろん、広がりのある植栽景観の創出と維持の主役でもある。

都 国営飛鳥歴史公園 ＊国営公園、特別史跡、日本の歴史公園100選

6世紀の終わりから平城京に都を移すまでの約100年間、政治と文化の中心地として栄えた明日香村には、その史実を物語る数多くの遺跡や建造物が村全域に分布し、周囲に広がる農地や山林と一体となって他に類をみない歴史的風土が形成されている。国営飛鳥歴史公園は、この貴重な風土を都市開発の波から守るため、1970（昭和45）年12月の閣議決定「飛鳥地方における歴史的風土及び文化財の保存等に関する方策について」に基づき誕生した。園地には風土構成上特に重要な位置を占める複数の地区が選ばれ、当初は祝戸、石舞台、甘樫丘の3地区で構成されていたが、72（昭和47）年に極彩色の壁画が発見され大評判となった高松塚古墳を中心とする高松塚周辺地区が76（昭和51）年に追加され、さらに2001（平成13）年にはキトラ古墳周辺地区が追加されて、現在は計5地区で構成されている。これらの地区はいずれも現存の地形や植生を尊重し、柵などは設けず、施設には自然素材を使用するなど、周辺の農村景観と調和し一体化するように最大限の配慮がなされている。本公園の誕生は、都市公園事業との連携による史跡整備が広がる契機にもなった。現在、各地区では1995（平成7）年に設立されたボランティアクラブ「飛鳥里山クラブ」が、四季を通じて来園者が公園、さらに明日香村の魅力を体感できるさまざまな催しを企画運営し、精力的な活動を展開している。

都 馬見丘陵公園 ＊史跡、日本の歴史公園100選

奈良盆地のほぼ中央にある独立丘陵の馬見丘陵にあり、広陵町と河合町の両町にまたがる広域公園である。この丘陵には4～5世紀の築造と推定されるさまざまな形式の古墳が群集しているが、1965（昭和40）年代半ばから周辺でニュータウン開発が進み、古墳群とそれをとり巻く良好な自然環境の保全のための抜本的施策が急務となった。このような保全と、同

Ⅳ　風景の文化編　　179

時に県民の広域的なレクリエーションの場としての活用を目的として、84（昭和59）年「花と古墳と野鳥のとびかう公園」をテーマに面積61.3haの広大な都市計画決定が行われ、91（平成3）年に10haが開園した。以後整備が重ねられ、2012（平成24）年6月には開園面積が56.2haとなった。古墳群は、現況保存を原則としつつ、復元や解説板の設置により歴史学習の場として活用が図られている。また園内は、春の16種、約1,000本の桜にはじまり、なだらかな傾斜を利用した5,000㎡の大花壇「馬見花苑」や、奈良県がダリアの球根生産量日本一であることにちなんだダリア園、バラ園、菖蒲園等々、四季を通じて随所が色鮮やかな花々で彩られ、多くの人々を誘引している。2010（平成22）年には、全国都市緑化ならフェア「やまと花ごよみ2010」のメイン会場となり、以後も継続的にイベントや講習会が開催され、花と緑に親しむ県内の一大拠点となっている。

庭 平城宮東院庭園　＊世界遺産、特別名勝

　平城宮東院庭園は、奈良市法華寺町に位置している。平城京の北辺中央部にあった平城宮は、南北約1km、東西約1.3kmという広大なものだった。平城宮内の施設は、天皇とその一族が居住する内裏、政治や儀式が執り行われる朝堂院、官庁が集まる官衙区域、東へ張り出した東院に分かれていた。時期的には2次期あって、平城宮の中心軸上に乗る区画が、708～715年（和銅年間）造営の第1次の内裏と朝堂院で、壬生門の軸線上に乗るのが、恭仁京から745（天平17）年に遷都後の第2次内裏と朝堂院とみられている。

　平城宮東南隅の東院跡から、1967（昭和42）、1976～78（昭和51～53）年度の発掘調査で、東西50m、南北60mほどある園池が発見された。2時期のものが重なっていて、護岸周辺部に玉石を敷き詰めた下層の古い園池は、遺物から729～749年（天平年間）頃に築造されたもので、上層の礫を敷き詰めた新しい池は749～757年（天平勝宝年間）に全面的に改修されて、平安時代初期まで存続していたものと推定されている。

　1993～98（平成5～10）年度に整備が行われて、上層の園池と建物が復元された。中央には御殿風の建物が建ち、張り出した露台から東岸に橋が架けられている。南東隅には八角形の堂のような建物が置かれ、北岸には築山の上に枯山水的な石組があり、園池は浅く、岸は小石を敷きつめた洲浜になっている。平安時代以降の自然風景をかたどった庭園の原型といえ

180

るだろう。

　上層の園池の植栽については、『続日本紀』の777（宝亀8）年の条に「楊梅の宮の南池に蓮を生ず。一茎二花」と記されていることから、ハスが存在したことがわかる。発掘調査の際に、新しい池の堆積土中の植物遺体検出と花粉分析が行われて、アカマツ、ヒノキ、ウメ、モモ、センダン、アラカシの6種が植栽されていた可能性が高く、ヤナギ類、サクラ、ツバキ、ツツジ類なども可能性があると推定されている。出土状態からすると、東岸の北側岬部分にはアカマツ、東側の中島付近にはヒノキが植えられていたらしい。

庭 旧大乗院庭園　＊名勝

　旧大乗院庭園は、奈良市高畑町に位置している。藤原氏の氏寺だった興福寺は、720（養老4）年に官寺になり、鎮守神だった春日社を支配するようになると、南都七大寺や大和の寺社と土豪を服従させて、摂関家代官の国司に代わって、大和国を統治するまでになっている。平安後期には付属する寺院の中から、摂関家出身者が居住する一乗院と大乗院が台頭して、興福寺別当職を独占するようになった。

　大乗院は1087（寛治元）年に隆禅が、春日野の西端に創立したもので、1180（治承4）年の被災後に、現在の奈良ホテルの南側に移っている。『大乗院寺社雑事記』によると、公家の一条兼良の子で興福寺別当だった尋尊は、大乗院の園池が荒れていたので、1457（長禄元）年に池を掘り大石を立て加えた。その後、室町幕府の8代将軍足利義政は、71（文明3）年に作庭の名人とされた善阿弥に、大乗院庭園を改修させている。1996（平成8）年には南側に名勝大乗院庭園文化館が建設されて、ここから庭園全体を眺めることができて、庭園の中にも入れるようになった。

庭 平城京左京三条二坊宮跡庭園　＊特別史跡、特別名勝

　奈良市三条大路1丁目所在の左京三条二坊宮跡庭園は、1975（昭和50）年に発掘調査によって発見されたもので、「北宮」「御坏物」などと書かれた木簡が出土したことから、「宮跡庭園」という名称で整備されている。

　園池は全長55mほどで幅は2〜7mほどだが、S字状に蛇行していて、水深は20〜30cmと浅い。池底には30cmほどの大きさの玉石がびっしり

Ⅳ　風景の文化編　　181

と敷き詰められ、荒磯石組が汀の要所に置かれていた。園池の造営年代は出土遺物から、749〜757年（天平末年〜天平勝宝年間）頃と推定されている。園池の西側に掘立柱建物が復元されているので、建物内から庭園を眺めることができる。

庭 依水園　＊名勝

奈良市水門町の依水園は、東大寺南大門の西方に位置している。敷地は約1万1,000㎡と広く、庭園は前園と後園に分かれている。前園と三秀亭と挺秀軒は、麻で織った布を晒した奈良晒を生産していた清須美道清が、1673〜81年（延宝年間）に築造したものだった。庭園は南大門を借景にしていて、三秀亭と命名したのは、若草山、春日山、三蓋山を眺められることによっている。東側の後園は、1899（明治32）年に、奈良市内の豪商だった関藤次郎が造営したもので、裏千家12世の又妙斎宗室が作庭している。1939（昭和14）年に海運業を営む中村準策が買い取り、前園と後園をあわせた形に整備している。2003〜11（平成15〜23）年にかけて、庭園全体の保存整備工事が行われた。

庭 酒船石遺跡　＊史跡

高市郡明日香村の伝飛鳥板葺宮の東方の丘陵上に、昔から知られている石造物「酒船石」がある。石材は石英閃緑岩で、長さ5.5ｍ、最大幅2.3ｍ、厚さ約1.0ｍほどで、上面には円形や楕円形の窪みが彫られていて、溝で結ばれている。両側が割られているのは、高取城の石垣を築く際に奪い去ったためという。用途は不明で、酒の醸造とか曲水の宴が行われていたとするなど、さまざまな説がある。

1992（平成4）年には丘陵の斜面から石垣が発見され、版築による大規模な造成が行われていることが判明した。2000（平成12）年には丘陵の下部から、全長1.6ｍほどの小判形と全長2.4ｍほどの亀形の石槽を組み合わせた導水施設と、石敷き広場などが出土した。背後からは切石を積んだ湧水施設が発見され、木樋などで水を石槽まで流し込んでいたとされている。水に関わる祭祀が行われていた場所と推定されているが、庭園的な雰囲気も感じられる。『日本書紀』に記載されている斉明天皇（在位655〜661）の「両槻宮」との関連性が、指摘されている。

地域の特性

奈良県は、近畿地方のほぼ中央に位置する内陸県である。北部は平坦な盆地、南部は紀伊山地の険しい山岳地域であり、我が国屈指の多雨地帯となっている。大和朝廷の発祥の地といわれ、平城京が造営されるなど古代日本の政治、文化の中心地として栄えた。『万葉集』の主な舞台となっており、今日なお日本人の精神文化のふるさとでもある。多くの遺跡、史跡、神社仏閣が各地にみられ、国内有数の観光地域となっている。

◆旧国名：大和　県花：ナラヤエザクラ　県鳥：コマドリ

温泉地の特色

県内には宿泊施設のある温泉地が29カ所あり、源泉総数は75カ所、湧出量は毎分1万ℓで全国42位である。温度は42℃未満が85％を占めていて、温泉資源性は高くはない。延べ宿泊客数は37万人で、全国44位にランクされる。紀伊半島の中南部、県南部に位置する湯泉地温泉、十津川温泉、上湯温泉の3温泉地が十津川国民保養温泉地に指定されており、共同浴場も整備されており日帰りの温泉客も訪れる。

主な温泉地

①十津川（湯泉地・十津川・上湯）　国民保養温泉地　炭酸水素塩泉

県南部、紀伊半島の森林地域の真っ只中、十津川村にある湯泉地、十津川、上湯の各温泉地では、いずれも55～87℃の高温の温泉が湧出している。1985（昭和60）年に国民保養温泉地に指定された。奈良の近鉄八木駅からバスで吉野杉の森林を通り4時間、紀勢本線新宮からではバスで2時間かけて到達できる。

歴史のある湯泉地温泉は、江戸時代中期の1705（宝栄2）年に温泉が

Ⅳ　風景の文化編

湧いたとされ、薬師如来を祀る東泉寺があったため、以前にはその名でよばれていた。明治中期の洪水で現在の高台へ移転し、60℃を超える硫黄泉が旅館と民宿に配湯されている。十津川温泉は元禄期に発見された温泉を引湯するとともに、2本の温泉掘削で得られた74℃の有力な炭酸水素塩泉をダム湖畔に引いて、新しい温泉地を誕生させた。この温泉が温泉施設へ給湯されている。上湯温泉はさらに支流の川原にあり、87℃の高温泉が湧いていて、野趣豊かな露天風呂もある。

「昴の郷」は1986（昭和61）年に、過疎地域振興のために村当局、観光協会、奈良交通の3者が出資して、第3セクター方式のもとに3億7,000万円で建設した温泉プールである。その3年後には、7億3,000万円でホテルと多目的温泉保養館が併設され、奈良県内や大阪方面からの観光や保養の客の増加をもたらした。十津川村では1982（昭和57）年より林野庁と奈良県の手で、「21世紀の森・紀伊半島森林植物公園」が整備され、さらに国土庁（現国土交通省）の「田園都市構想モデル事業」の助成を受けた。自然と林業に触れる自然教育林や森林館が開設され、教育委員会はこうした地域に根ざした自然、歴史、文化についてのガイドブックを発行した。十津川村には、高さ54m、長さ297mの日本一の谷瀬の吊り橋、川を渡る1人乗り手動ロープウェイの一種である野猿、熊野三山奥の院の玉置神社などの地方色豊かな観光資源があり、周辺の瀞峡、熊野本宮、湯の峰温泉、那智の滝や勝浦温泉へ足を延ばすこともできる。

交通：JR紀勢本線新宮駅、バス2時間

② 大峰山洞川（おおみねさんどろがわ）　単純温泉

県中南部、修験道の聖地である大峰山の登山口に湧く秘湯であり、修行をする人々が宿泊をする場所でもある。1,300年ほども前に、役小角によって開かれたという歴史をもち、その信仰は今に引き継がれているが、大峰山は女人禁制である。温泉地の旅館は信仰温泉地の特性を反映した様式を伝えているが、1993（平成5）年に観光客や登山客にも配慮した日帰り温泉施設「洞川温泉センター」が開設された。

交通：近畿日本鉄道下市口駅、バス1時間半

執筆者 / 出典一覧

※参考参照文献は紙面の都合上割愛
しましたので各出典をご覧ください

Ⅰ　歴史の文化編

【遺　　跡】　石神裕之　（京都芸術大学歴史遺産学科教授）『47都道府県・遺跡百科』(2018)

【国宝 / 重要文化財】　森本和男　（歴史家）『47都道府県・国宝 / 重要文化財百科』(2018)

【城　　郭】　西ヶ谷恭弘　（日本城郭史学会代表）『47都道府県・城郭百科』(2022)

【戦国大名】　森岡浩　（姓氏研究家）『47都道府県・戦国大名百科』(2023)

【名門 / 名家】　森岡浩　（姓氏研究家）『47都道府県・名門 / 名家百科』(2020)

【博物館】　草刈清人　（ミュージアム・フリーター）・可児光生　（美濃加茂市民ミュージアム館長）・坂本昇　（伊丹市昆虫館館長）・髙田浩二　（元海の中道海洋生態科学館長）『47都道府県・博物館百科』(2022)

【名　　字】　森岡浩　（姓氏研究家）『47都道府県・名字百科』(2019)

Ⅱ　食の文化編

【米 / 雑穀】　井上繁　（日本経済新聞社社友）『47都道府県・米 / 雑穀百科』(2017)

【こなもの】　成瀬宇平　（鎌倉女子大学名誉教授）『47都道府県・こなもの食文化百科』(2012)

【くだもの】　井上繁　（日本経済新聞社社友）『47都道府県・くだもの百科』(2017)

【魚　　食】　成瀬宇平　（鎌倉女子大学名誉教授）『47都道府県・魚食文化百科』(2011)

【肉　　食】　成瀬宇平　（鎌倉女子大学名誉教授）・横山次郎　（日本農産工業株式会社）『47都道府県・肉食文化百科』(2015)

【地　　鶏】　成瀬宇平　（鎌倉女子大学名誉教授）・横山次郎　（日本農産工業株式会社）『47都道府県・地鶏百科』(2014)

【汁　　物】　野﨑洋光　（元「分とく山」総料理長）・成瀬宇平　（鎌倉女子大学名誉教授）『47都道府県・汁物百科』(2015)

【伝統調味料】　成瀬宇平　（鎌倉女子大学名誉教授）『47都道府県・伝統調味料百科』(2013)

【発　　酵】　北本勝ひこ　（日本薬科大学特任教授）『47都道府県・発酵文化百科』(2021)

| 【和菓子 / 郷土菓子】 | 亀井千歩子　（日本地域文化研究所代表）『47都道府県・和菓子 / 郷土菓子百科』(2016) |
| 【乾物 / 干物】 | 星名桂治　（日本かんぶつ協会シニアアドバイザー）『47都道府県・乾物 / 干物百科』(2017) |

Ⅲ　営みの文化編

【伝統行事】	神崎宣武　（民俗学者）『47都道府県・伝統行事百科』(2012)
【寺社信仰】	中山和久　（人間総合科学大学人間科学部教授）『47都道府県・寺社信仰百科』(2017)
【伝統工芸】	関根由子・指田京子・佐々木千雅子　（和くらし・くらぶ）『47都道府県・伝統工芸百科』(2021)
【民　話】	黄地百合子　（日本昔話学会会員）／ 花部英雄・小堀光夫編『47都道府県・民話百科』(2019)
【妖怪伝承】	安井眞奈美　（国際日本文化研究センター研究部教授）／ 飯倉義之・香川雅信編、常光 徹・小松和彦監修『47都道府県・妖怪伝承百科』(2017) イラスト© 東雲騎人
【高校野球】	森岡 浩　（姓氏研究家）『47都道府県・高校野球百科』(2021)
【やきもの】	神崎宣武　（民俗学者）『47都道府県・やきもの百科』(2021)

Ⅳ　風景の文化編

【地名由来】	谷川彰英　（筑波大学名誉教授）『47都道府県・地名由来百科』(2015)
【商店街】	正木久仁　（大阪教育大学名誉教授）／ 正木久仁・杉山伸一編著『47都道府県・商店街百科』(2019)
【花風景】	西田正憲　（奈良県立大学名誉教授）『47都道府県・花風景百科』(2019)
【公園 / 庭園】	西田正憲　（奈良県立大学名誉教授）・飛田範夫　（庭園史研究家）・井原 縁　（奈良県立大学地域創造学部教授）・黒田乃生　（筑波大学芸術系教授）『47都道府県・公園 / 庭園百科』(2017)
【温　泉】	山村順次　（元城西国際大学観光学部教授）『47都道府県・温泉百科』(2015)

索　引

あ 行

合鴨	84, 88
青丹よし	108
赤膚焼	133, 152
赤埴氏	42
秋山氏	42
旭糯	63
アジサイ	171
飛鳥	157
飛鳥池工房遺跡	22
飛鳥資料館	50
飛鳥汁	93
飛鳥地域	5
飛鳥茶碗蒸し	83
飛鳥寺跡	18
飛鳥鍋	83, 93, 102
明日香の酒船石	102
小豆	65
アセビ	169
安倍・安部・阿倍・阿部	57
アマゴ（アメノウオ）料理	78
鮎寿司	78, 101
あゆみそ蒸し	79
アワ	64
斑鳩	157
斑鳩ため池	65
生駒駅前商店街	165
生駒市	3
石舞台古墳	5
依水園	182
市杵島神社	127
イチゴ	73
イチジク	73
一刀彫	136
一本足・一本ダタラ	144
井戸氏	42
イノシシ	84
イノシシ鍋（猪鍋）	84, 93
今里の蛇巻き	66
今西家	45
今西家住宅	31
植村家	46
宇陀五香	109
宇陀大豆	115

宇陀大納言小豆	114
宇陀松山城	39
ウナギの白樺蒸し	79
雲梯	158
馬見丘陵公園	179
ウメ	73, 172
うるち米	63
王隠堂（名字）	59
狼の玉	139
大峰山洞川	184
大神神社祭	123
大神神社 醸造安全祈願祭	
（酒まつり）	4, 102
御城之口餅	70, 108
御田植祭	120
織田家（芝村藩主）	46
織田家（高取藩主）	46
越智氏	42
伯母峯の一本足	141
お水取り	6

か 行

戒重城	35
鏡作神社の御田祭	66
カキ	72
柿酢	76, 97, 101
柿と大根のタイ風なます	75
柿なます	98
柿の葉寿司	6, 66, 101
柿のパリパリタルト	75
鍵の蛇巻き	66
額塚	144
ガゴゼ（元興寺）	145
橿原市	3
橿原市昆虫館	51
かしわのすき焼き	83, 87
春日（名字／地名）	57, 158
春日祭	120
春日大社酒殿	102
春日大社の祭礼	119
春日大社のフジ	171
春日大社萬葉植物園	52
春日若宮おん祭	121
片岡氏	42
片桐家	46

カタクリ	174
葛城（名字）	58
葛城山のツツジとカタクリ	
	174
葛城市歴史博物館	53
唐古・鍵遺跡	13
唐古・鍵考古学ミュージア	
ム	53
川ガニ	79
神武さん「れんぞ（連座）」	
のよごみ餅（蓬餅）	106
キウイ	74
杵築神社	127
吉祥草寺	128
狐・狸化け	142
きな粉雑煮	93, 106
吉備塚	145
きみごろも	109
キャベツソース	98
旧大乗院庭園	181
京終	158
金魚養殖	6
金峯山経塚	25
金峯山寺本堂（蔵王堂）	30
葛きり	112
葛粉	112
久米（名字）	58
クリ	75
くるみ餅	107
外京	3
源九郎狐	145
牽牛子塚古墳	19
けんぺやき（けんぺ焼き）	71
小泉城	35
コイ料理	78
郡山高	149
郡山城	35
郡山城跡のサクラ	170
五鬼助（名字）	57
五鬼上（名字）	57
国営飛鳥歴史公園	179
コシヒカリ	63
五條市	3
御所	159
御所実（高）	149

小種	70
こだわりたまご	88
古都華のグラタン	75
コマドリ(駒鳥)	89
ゴマメの料理	78
小麦	64
小麦もち	69
ゴリ	79

さ 行

堺県	9
酒船石遺跡	182
サクラ	168-170
桜井茶臼山古墳	16
サクランボ	73
さくらんぼのパンナコッタ	75
サケ料理	78
さつま焼き	108
鯖寿司	101
サバの馴れずし	78
さらし	6
沢氏	43
山菜入りそうめん	71
サンショウ	73
さんま寿司	101
塩ぶり料理	78
鹿肉の大和煮	85
信貴山縁起	28
猪鍋	84, 93
しめじ汁	94
シャクナゲ	173
ジャンジャン火	146
寿恵卵	88
修二会	6, 104
商栄会商店街	167
正倉院	4
醸造用米	64
焼酎	100
醤油	91, 97, 100
正暦寺 菩提元清酒祭	102
商励会商店街	167
食酢	97
不知火	75
市立五條文化博物館	53
白とろす	115
しんこ	69, 107
スイカ	73
水平社博物館	52
菅原	58
スギ	4

すき焼き	94
雀孝行	138
砂かけ婆	146
砂掛祭	122
スモモ	74
西方院山城	39
蘇	101
そうめん	71
そうめん汁	71
ソース	98
そば	65

た 行

大豆	65
當麻	159
當麻寺	128
當麻寺本堂	30
題目立	123
高田高	149
高田商(高)	149
高田城	36
高取城	36
高松塚古墳	19
高安城	37
高山茶筌	134
龍田揚げ(竜田揚げ)	87
玉置神社	130
多聞山城	38
ダル	145
談山神社蹴鞠祭	124
智弁学園高	149
粽	106
茶粥と大和茶	93
茶飯	66
中将餅	108
月ヶ瀬神野山県立自然公園 月ヶ瀬	177
月ヶ瀬梅林のウメ	172
土蜘蛛	147
ツチノコ	147
筒井(名字)	58
筒井氏	43, 45
筒井城	38
ツツジ	174
綱掛祭	122
海石榴市	159
椿の菓子	104
露葉風	64
天狗	147
天狗の石合戦	140
天神社	130

天神橋筋商店街	166
天誅組の変	9
天理高	150
天理市	3
天理大学附属天理参考館	50
天理本通り商店街	165
凍結春雨	111
唐招提寺の鑑真和上像	4
銅像廬舎那仏坐像	3
東大寺のお水取り	104
とう菜寿司	66
当麻(とうま / 名字)	58
十市氏	43
東川(とがわ / 名字)	59
十津川	159, 183
十津川村歴史民俗資料館	53
トマトソース	98
鳥食い婆	140

な 行

永井家	46
中西遺跡	14
中東家	47
長屋王邸宅跡	24
菜飯	66
ナシ	74
奈良県果樹振興センター柿 博物館	76
奈良県立橿原考古学研究所 附属博物館	51
奈良県立万葉文化館	52
奈良県立民俗博物館(なら みんぱく)	51
奈良公園	5, 178
奈良公園のサクラとアセビ	169
奈良国立博物館	49
奈良在来青大豆	115
奈良晒	132
奈良市	2
奈良漆器	133
奈良市月ケ瀬梅の資料館	76
奈良墨	135
奈良大付高	150
奈良茶飯	66
奈良漬け	101
奈良豆比古神社	126
奈良人形(奈良一刀彫)	136
奈良のっぺい	98
奈良筆	134
ならまち	5

奈良まんじゅう	70	棒ダラの料理	78	山田寺跡	21
南都	8	法隆寺	20	大和牛	81
二上山北麓遺跡群	13	法隆寺国際高	150	大和広陵高	150
日本酒	100	法隆寺金堂	29	大和郡山市	3
日本ナシ	74	法隆寺のお会式	67	大和猿楽	6
念仏寺	129	朴葉寿司	102	大和天神山古墳	15
能楽	6	ボタン	172	大和なでしこ卵	88
		法華寺	126	大和肉鶏	83, 87

は　行

		法論味噌	101	大和肉鶏そぼろ弁当	87
白山神社	126			大和肉鶏のすき焼き	83
箸尾氏	44	### ま　行		大和のつるし柿	115
箸中大池	65	牧野城	40	大和平野の吉野川分水	65
箸墓古墳	15	纒向遺跡	14	ヤマトポーク	82
長谷寺のボタン	172	松井家	47	大和野菜	92
ハッサク	73	松永氏	44	山ノ神遺跡	17
ハトムギ	64	万歳(まんざい／名字)	59	山姥ぁの話	139
ハモの吸物	94	三笠焼き	87	ユズ	75
春雨	110	三笠山	108	柚餅子	102
半夏生の小麦餅(はげっしょう餅)	107	ミカン	74	夢殿観音(法隆寺)	4
		味噌	91, 97, 100	よごみ餅(蓬餅)	106
ビール	100	みむろ	108	吉野葛	6
火打ち焼き	108	宮滝遺跡	25	吉野熊野国立公園大台ヶ原	176
ヒエ	64	三輪素麺	6, 113	吉野熊野国立公園吉野山	177
東向商店街	164	三輪山	141	
非凍結春雨	111	三輪山・箸墓	160	吉野拾遺・吉野懐古	108
人麿神社	129	室生寺のシャクナゲ	173	吉野の糀味噌	91, 97
ひとめぼれ	63	めはり寿司	101	吉野山	5
ヒノヒカリ	63	もちいどのセンター街	164	吉野山のサクラ	168
平野家	47	もち米	63	米田(名字)	57
廣瀬神社の砂かけ祭	67	桃	74	
ビワ	74	森と水の源流館	52	### ら　行
フジ	171	森野旧薬園	109	蘭奢待	108
藤ノ木古墳出土品	27	森野家	47	龍穴神社	129
藤森環濠	66	モロコシ	64	リンゴ	74
藤原宮跡	22			林神社の饅頭祭り	106
豚肩ロースのカツレツ、柿のマスタード和え添え	75	### や　行		盧舎那仏坐像［唐招提寺］	28
		ヤエザクラ	4	盧舎那仏坐像［東大寺］	27
ブドウ	74	柳生(名字)	58	れんぞ(連座)のよごみ餅(蓬餅)	106
ぶと饅頭	70, 107	柳生氏	44	良弁杉	140
古市氏	44	柳生家	48	
ブルーベリー	75	柳生陣屋	40	### わ　行
ふんぐり	106	柳生鍋	82	若草山焼	119
平城宮跡	23	薬師寺東塔	29	わらび粉(蕨粉)	114
平城宮跡資料館	50	安村家	48	わらび餅	70, 114
平城宮東院庭園	180	矢田寺のアジサイ	171	
平城京左京三条二坊宮跡庭園	181	柳沢家	48	
		柳本陣屋	40	
宝山寺獅子閣	31	八柱神社	127	

索　　引　189

47都道府県ご当地文化百科・奈良県

令和 6 年 9 月 30 日　発　行

編　者　丸　善　出　版

発行者　池　田　和　博

発行所　丸善出版株式会社
〒101-0051 東京都千代田区神田神保町二丁目17番
編集：電話 (03)3512-3264／FAX (03)3512-3272
営業：電話 (03)3512-3256／FAX (03)3512-3270
https://www.maruzen-publishing.co.jp

© Maruzen Publishing Co., Ltd. 2024

組版印刷・富士美術印刷株式会社／製本・株式会社 松岳社

ISBN 978-4-621-30952-0　C 0525　　　　　Printed in Japan

JCOPY 〈(一社)出版者著作権管理機構　委託出版物〉
本書の無断複写は著作権法上での例外を除き禁じられています．複写
される場合は，そのつど事前に，(一社)出版者著作権管理機構（電話
03-5244-5088, FAX 03-5244-5089, e-mail：info@jcopy.or.jp）の許諾
を得てください．

【好評既刊 ● 47都道府県百科シリーズ】

(定価：本体価格3800〜4400円＋税)

47都道府県·**伝統食百科**……その地ならではの伝統料理を具体的に解説

47都道府県·**地野菜/伝統野菜百科**……その地特有の野菜から食べ方まで

47都道府県·**魚食文化百科**……魚介類から加工品、魚料理まで一挙に紹介

47都道府県·**伝統行事百科**……新鮮味ある切り口で主要伝統行事を平易解説

47都道府県·**こなもの食文化百科**……加工方法、食べ方、歴史を興味深く解説

47都道府県·**伝統調味料百科**……各地の伝統的な味付けや調味料、素材を紹介

47都道府県·**地鶏百科**……各地の地鶏·銘柄鳥·卵や美味い料理を紹介

47都道府県·**肉食文化百科**……古来から愛された肉食の歴史·文化を解説

47都道府県·**地名由来百科**……興味をそそる地名の由来が盛りだくさん！

47都道府県·**汁物百科**……ご当地ならではの滋味の話題が満載！

47都道府県·**温泉百科**……立地·歴史·観光·先人の足跡などを紹介

47都道府県·**和菓子/郷土菓子百科**……地元にちなんだお菓子がわかる

47都道府県·**乾物/干物百科**……乾物の種類、作り方から食べ方まで

47都道府県·**寺社信仰百科**……ユニークな寺社や信仰を具体的に解説

47都道府県·**くだもの百科**……地域性あふれる名産·特産の果物を紹介

47都道府県·**公園/庭園百科**……自然が生んだ快適野外空間340事例を紹介

47都道府県·**妖怪伝承百科**……地元の人の心に根付く妖怪伝承とはなにか

47都道府県·**米/雑穀百科**……地元こだわりの美味しいお米·雑穀がわかる

47都道府県·**遺跡百科**……原始〜近·現代まで全国の遺跡＆遺物を通観

47都道府県·**国宝/重要文化財百科**……近代的美術観·審美眼の粋を知る！

47都道府県·**花風景百科**……花に癒される、全国花物語350事例！

47都道府県·**名字百科**……NHK「日本人のおなまえっ！」解説者の意欲作

47都道府県·**商店街百科**……全国の魅力的な商店街を紹介

47都道府県·**民話百科**……昔話、伝説、世間話…語り継がれた話が読める

47都道府県·**名門/名家百科**……都道府県ごとに名門/名家を徹底解説

47都道府県·**やきもの百科**……やきもの大国の地域性を民俗学的見地で解説

47都道府県·**発酵文化百科**……風土ごとの多様な発酵文化·発酵食品を解説

47都道府県·**高校野球百科**……高校野球の基礎知識と強豪校を徹底解説

47都道府県·**伝統工芸百科**……現代に活きる伝統工芸を歴史とともに紹介

47都道府県·**城下町百科**……全国各地の城下町の歴史と魅力を解説

47都道府県·**博物館百科**……モノ＆コトが詰まった博物館を厳選

47都道府県·**城郭百科**……お城から見るあなたの県の特色

47都道府県·**戦国大名百科**……群雄割拠した戦国大名·国衆を徹底解説

47都道府県·**産業遺産百科**……保存と活用の歴史を解説。探訪にも役立つ

47都道府県·**民俗芸能百科**……各地で現存し輝き続ける民俗芸能がわかる

47都道府県·**大相撲力士百科**……古今東西の幕内力士の郷里や魅力を紹介

47都道府県·**老舗百科**……長寿の秘訣、歴史や経営理念を紹介

47都道府県·**地質景観/ジオサイト百科**……ユニークな地質景観の謎を解く

47都道府県·**文学の偉人百科**……主要文学者が総覧できるユニークなガイド